Volle Fahrt voraus!

Das große Vorlesebuch der Elbautoren

DIE
ELB
AUTOREN

CARLSEN

Volle Fahrt voraus! – Das große Vorlesebuch der Elbautoren
Originalausgabe
© 2021 Carlsen Verlag GmbH, Völckersstraße 14–20, 22765 Hamburg
Der Text von Karin Baron erschien zuerst in dem Buch:
»Hamburg drunter und drüber. Fantastische Geschichten«,
KJM Buchverlag, Hamburg 2020
Redaktion: Frank Kühne, Tina Blase
Illustrationen von Umschlag, Zwischenseiten und Schiffs-Vignetten:
Constanze Spengler
Satz und Innenseitengestaltung: Karin Kröll, Hamburg
Logo Elbautoren © Volker Fredrich
Lithografie: ReproTechnik Fromme, Hamburg
ISBN: 978-3-551-51950-4

Moin moin!

Unser feines Elbautoren-Vorlesebuch ist bereit, mit dir auf große Fahrt zu gehen. Wir kappen die Leinen, setzen Segel und begeben uns auf eine abenteuerliche Reise ins Land der Fantasie. Flossiges, Felliges, Fedriges – alles schifft sich mit ein, wenn wir von Hamburg aus zu unbekannten Ufern aufbrechen, Seeungeheuern und Meerjung(s)frauen begegnen und prall gefüllte Schatzkisten heben.

Wir sind nicht aus Zucker. Wir reimen, bis sich die Lippe kräuselt, und erfinden Seemanns- und auch -frauengarn, das sich gewaschen hat.

Zu unserer Besatzung gehören rund vierzig Hamburger Kinder- und Jugendbuchautor*innen. Im Sommer 2017 haben wir angeheuert und knüpfen seitdem Knoten für ein starkes, buntes Netzwerk. Dieses Buch ist unser erstes gemeinsames Werk. Monatelang haben wir geschrieben, gedichtet und gesponnen und uns mit dem Carlsen Verlag getroffen. Gemeinsam konnten wir wunderbare Illustrator*innen gewinnen, um unsere Geschichten zu gestalten.

Nun ist es fertig und wir freuen uns riesig!

Also, bist du dabei? Dann volle Fahrt voraus!

Deine Elbautor*innen
www.elbautoren.de

Inhalt

Herr Bär am Meer trägt Badehose

von Stefanie Taschinski
mit Bildern von Kerstin Meyer

Herr Bär am Meer
trägt Badehose
und sonntags einen Hut
mit Streifen.
Den zieht er höflichst
vor den Sprotten,
den jungen wie den reifen.

Montags steigt er mit Pfeife und Flossen
hoch hinauf die Wachturmsprossen.
Von dort hat der Rettungsschwimmer alles im Blick.
Gerade zeigt der starke Sandball-Bärli
seinen allerneusten Trick.

Dienstags schlürft Herr Bär Algensuppe
mit der Yoga-Bären-Gruppe.
Noch ein Sonnengruß
im weichen Sand.
Von der Tatze zur Pranke
tiefenentspannt.

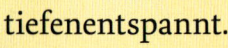

Mittwochs stürmen
die Wellenreiter das Wasser.
Bären reiten und toben
in weiß beschleifter Brandung
über Wellen und Wogen.

Donnerstags fliegt die Sonne
mit den Möwen um die Wette.
Papa Bär baut mit den Kindern eine Burg.
Mama Bär qualmt
heimlich eine Riesenzigarette.

Freitags flattert die grüne Fahne
fröhlich im Wind.
Hinter der letzten Boje
entdeckt Herr Bär ein zappelndes Bärenkind.

Mit zwei Turbohechten unter den Pranken
verweist Herr Bär das Wasser in seine Schranken.
Dreimal tief, tief, tief muss er tauchen
und rettet das Bärenkind vor dem Ersaufen.

Samstags am Eisbärenstand
wird gebrummt und gejault.
Das Eisbären-Eis ist aufgetaut!
Was?, ruft Herr Bär.
Heute gibt' s nur Pommes rot-weiß?
Sei still! Jetzt sind sie heiß.

Herr Bär am Meer
trägt Badehose
und sonntags einen Hut
mit Streifen.
Den zieht er abends
vor den Sternen,
den hellen wie den bleichen.

Neuronimus Sturmnase

von Till Penzek
mit Bildern von Nele Palmtag

Neuronimus Sturmnase war mit 400 Jahren zwar noch ein junger Klabautermann, aber in seinem Leben schon auf einigen Dutzend Schiffen mitgefahren. Er war ungefähr einen Meter groß und hatte einen leuchtend roten Bart und grüne Zähne, wie alle Klabautermänner. Am liebsten trug er einen alten Südwester, einen Regenhut, der ihm etwas zu groß war. Er war wirklich ein stattlicher Klabautermann – zu schade, dass man ihn nicht sehen konnte. Klabautermänner sind nämlich unsichtbar und zeigen sich nur, wenn ihr Schiff in größter Gefahr schwebt.

Heutzutage herrschen schwierige Zeiten für Klabautermänner. Neuronimus fand lange kein Schiff, auf dem er spuken konnte, denn es braucht immer einen Kapitän, der an den Klabautermann glaubt. Und mit dem langsamen Aussterben der Segelschiffe hat der Aberglaube der Seeleute erschreckend abgenommen. Irgendwann begegnete Neuronimus zum Glück dann doch dem alten Seebären Käpt'n Friesel. Leider war dieser nicht Kapitän eines stolzen Dreimasters, wie Neuronimus es sich gewünscht hätte. Stattdessen bot Käpt'n Friesel auf der ›Ollen Deern‹, einer in die Jahre gekommenen Barkasse, Rundfahrten im Hamburger Hafen an. Aber in Zeiten wie diesen musste ein Klabautermann nehmen, was er kriegen konnte.

Käpt'n Friesel war wirklich wahnsinnig aberglaubisch. Niemals pfiff er an Bord, um keinen Sturm heraufzubeschwören. Eine Zigarette an einer Kerze anzuzünden, war streng verboten, es könnte dadurch ja ein Seemann sterben. Zu Neuronimus' Glück glaubte er auch an den Klabautermann und stellte jeden Abend eine Schale Milch und einen Teller mit Kuchen in den Maschinenraum, um den Schiffsgeist gnädig zu stimmen. Hier konnte man es als Klabautermann aushalten!

Aus alter Gewohnheit hämmerte Neuronimus nach dem Abendbrot immer mit seinem Klopfhammer gegen die Schiffswand und machte ein paar unheimliche Geräusche.

»Ah, der Klabautermann prüft, ob mit dem Schiff alles in Ordnung ist«, stellte Käpt'n Friesel dann jedes Mal beruhigt fest.

Worauf sein Sohn Oliver, mit dem Käpt'n Friesel das Geschäft zusammen betrieb, die Nase rümpfte: »So ein altes, rostiges Schiff macht nun einmal Geräusche, das ist völlig normal.«

Oliver glaubte nämlich nicht an Klabautermänner und anderes Seemannsgarn.

Es gab oft Streit zwischen Vater und Sohn, denn Oliver hatte Tourismusmanagement studiert und träumte schon lange davon, den Barkassenbetrieb zu modernisieren. Das wollte Käpt'n Friesel aber auf keinen Fall. Dabei lief sein Geschäft wirklich nicht gut. Es verirrten sich nur noch wenige Touristen auf die alte Barkasse. Die Leute fuhren lieber mit den neueren Schiffen von Reeder Raffmeier, der Käpt'n Friesel sowieso gerne aus dem Geschäft drängen wollte. Käpt'n Friesel kam immer mehr in finanzielle Schwierigkeiten. Irgendwann musste er sich sogar Geld von seinem Erzrivalen leihen, das er natürlich nicht zurückzahlen konnte. Und genau darauf hatte Raffmeier spekuliert.

Eines Tages, als Käpt'n Friesel und sein Sohn gerade beim Deckschrubben waren, stand der Reeder vor ihnen: »So, Friesel, du alter Pirat, heute ist der Tag gekommen. Zahl mir mein Geld zurück oder die ›Olle Deern‹ gehört mir.«

Neuronimus saß auf der Reling und knabberte an einem Keks. Von Geld verstand er nichts, kapierte aber, dass dieser unsympathische Mann seinem Käpt'n Friesel die ›Olle Deern‹ wegnehmen wollte. Was bildete der sich eigentlich ein?

Neuronimus tat, was jeder anständige Klabautermann in so einer Situation tun würde. Er begann, an die Schiffswand zu klopfen und unheimliche Geräusche zu machen.

»Haben Sie das auch gehört?«, fragte Reeder Raffmeier verunsichert.

»Och joa, das wird der Klabautermann sein«, antwortete Käpt'n Friesel, als sei es das Normalste der Welt. »Der mag es nicht, dass man ihm sein Schiff wegnehmen will.«

Friesels Sohn Oliver verdrehte die Augen. Doch in dem Moment kniff Neuronimus den Raffmeier kräftig in die Wade.

»Aua! Was geht hier vor?«, schrie der Reeder auf.

»Haben Sie schon mal einen Klabautermann wütend erlebt?«, fragte Käpt'n Friesel freundlich.

Neuronimus kam jetzt so richtig in Stimmung. Er packte den vollen Wischeimer und leerte ihn mit gekonntem Schwung über Reeder Raffmeier aus. Und dann tat er etwas, das Klabautermänner wirklich nur dürfen, wenn ihrem Schiff große Gefahr droht: Er zeigte sich! Er machte sich sichtbar!

»Runter von meinem Schiff oder du wirst dein blaues Wunder erleben, du Pfeffersack«, brüllte Neuronimus und schwang seinen Klopfhammer wütend über dem Kopf.

Der klitschnasse Raffmeier fiel vor Schreck rücklings über ein zusammengerolltes Tau und landete polternd zwischen Schrubbern und Eimern. Hastig rappelte er sich wieder auf und rannte davon, als sei der Teufel selbst hinter ihm her.

Oliver stand mit offenem Mund da. »D-D-Der Klabautermann, e-e-es gibt ihn wirklich!«, stammelte er schließlich.

Käpt'n Friesel hatte die Fassung etwas früher wiedergefunden. »Jau, dass es ihn gibt, wusste ich, aber wer hätte gedacht, dass ich ihn wirklich mal zu Gesicht bekomme!«

»Neuronimus Sturmnase, angenehm! Freut mich, dass ich helfen konnte«, sagte der Klabautermann stolz.

Oliver war nun auch wieder bei Sinnen: »Donnerwetter, ich glaube, jetzt habe ich eine Idee!«

Ein paar Wochen später drängten sich die Leute an den Landungsbrücken, um einen Platz auf Käpt'n Friesels »Klabautermann-Fahrt« zu ergattern. Das Geschäft lief so gut, dass Friesel nach kurzer Zeit seine Schulden bei Raffmeier zurückzahlen konnte. Nicht, dass der Reeder es je wieder gewagt hätte, danach zu fragen.

Neuronimus war jetzt Teil des Teams. Er hatte die hochoffizielle Aufgabe, den Touristen kleine Streiche zu spielen. Er klaute Mützen und setzte sie anderen Fahrgästen auf, zwickte Rentnern in den Po oder schmierte Senf auf Handykameras. Ach, das war ein gutes Klabauterleben!

Und wenn er besonders gute Laune hatte, zeigte er sich den Fahrgästen manchmal sogar kurz, nur um sofort wieder zu verschwinden. Oliver zwinkerte Neuronimus dann für gewöhnlich zu und sagte: »Jaja, das ist der Klabautermann, der unser Schiff vor Unheil beschützt – man muss nur an ihn glauben.«

Ungleiche Freunde

von Brigitte Blobel
mit Bildern von Volker Fredrich

Im großen Ozean schwimmt eine Walfischmama mit ihrem Kind. Die Mama ist sehr groß, noch größer als ein Fernreisebus. Aber der Ozean ist ja auch riesig, deshalb ist ein Wal im riesigen Meer auch irgendwie nur ein kleiner Fisch. Der kleine Walfisch ist fast noch ein Baby, erst ein halbes Jahr alt, und dies ist seine erste große Reise. Er taucht zum Luftholen viel öfter auf als seine Mama, weil er noch nicht so lange die Luft anhalten kann. Doch er ist schon so schnell wie die Mama und kommt immer wieder zu ihr zurück.

»Ich habe leider eben aus Versehen einen Delfin verschluckt«, sagt die Mama, nachdem der kleine Walfisch mal kurz Luft holen war.

»Oh, Mama, nein! Lebt er denn noch?«

»Ja, er rumort in meinem Bauch herum.«

»Spuck ihn wieder aus, Mama, schnell!«

Aber das gelingt nicht. Denn der Delfin hatte, bevor die Walfischmama ihr Maul aufriss, selbst aus Versehen einen Hammerrochen halb verschluckt. Der steckt ihm jetzt quer im Delfinmaul und versperrt den Ausgang aus dem Wal.

»Und was machen wir jetzt?«, fragt der kleine Walfisch.

»Gar nichts. Wir schwimmen einfach weiter.«

Sie schwimmen weiter.

»Wie weit ist es noch bis Australien?«, mault der kleine Walfisch, nachdem sie eine lange Weile nichts getan haben außer schwimmen, auftauchen, Luft holen und so weiter. »Ich will mit den anderen Kindern spielen.«

»Hier sind aber keine anderen Kinder«, erwidert die Mama. »Die anderen sind uns schon weit voraus. Weil du in unserer Kolonie das letzte Walfischkind bist, das geboren wurde.«

Der kleine Walfisch grinst. »Ja, in deinem Bauch ist es gemütlich. Ich wollte gar nicht raus.«

»Stimmt gar nicht!«, kommt da plötzlich eine winzige Stimme aus dem Wal. »Es ist überhaupt kein bisschen schön hier drin.«

»Hast du das gehört, Mama?«, ruft der kleine Walfisch aufgeregt. »Da redet jemand in deinem Bauch. Er sagt, es ist überhaupt kein bisschen schön da drin!«

»Unsinn, Kind, schwimm weiter. Bis Australien ist es noch weit.«

Sie schwimmen weiter und tun nichts als auftauchen, Luft holen und wieder abtauchen. Manchmal bläst die Mama eine riesige Fontäne in die Luft. Das sieht ganz toll aus, aber außer dem kleinen Walfisch ist niemand da, der die Fontäne bewundern kann.

»Wieso hab ich niemanden zum Spielen, Mama?«, nörgelt der kleine Walfisch weiter. »Mir ist langweilig.«

Da ertönt aus dem Bauch der Mama wieder die winzige Stimme: »Wenn ich nicht hier drin wäre, könnte ich mit dir spielen.«

»Hä?«, fragt der kleine Walfisch. »Wer bist du?«

»Ein Seepferdchen.«

»Nie gehört.«

»Oh! Dabei sind wir Seepferdchen sehr beliebt.«

»Bei wem?«, fragt das Kind.

»Überhaupt und überall. Bei allen Kreaturen.«

»Wir Wale sind auch sehr beliebt«, sagt der kleine Walfisch stolz.

»Ja, schon möglich. Aber von den Menschen werdet ihr schon seit ewigen Zeiten gejagt und getötet und gegessen. Deshalb solltest du dich besser in einer einsamen Bucht von einer einsamen Insel verstecken. Uns Seepferdchen finden die Menschen niedlich. Sie würden uns niemals essen. Aber dafür sammeln sie uns, und wenn wir tot sind, legen sie uns auf ihre Fensterbank.«

Der kleine Walfisch schweigt.

»Du sagst ja gar nichts«, sagt das Seepferdchen.

»Ich denke bloß nach.«

»Wenn ich nicht hier drinnen wäre«, sagt das Seepferdchen, »könnten wir spielen.«

»Oh ja! Was denn zum Beispiel?«

»Wellenreiten oder Verstecken oder Schätzesuchen.«

»Was sind denn Schätze?«

»Das weiß man erst, wenn man sie gefunden hat.«

»Das klingt toll«, sagt der kleine Walfisch sehnsüchtig.

»Geht aber nicht«, sagt das Seepferdchen. »Denn ich stecke im Hals eines ekligen Hammerrochens.«

»Ach so, verstehe.« Der kleine Walfisch reibt sich mit der Flosse am Kopf. »Der Hammerrochen steckt quer im Maul von dem Delfin, den meine Mama verschluckt hat. Aber nur aus Versehen. Es tut ihr sehr leid.«

»Jaja, die alte Geschichte. Wale reißen oft ihr Maul zu weit auf«, sagt das Seepferdchen altklug. »Dabei geschieht dann das Malheur. Aber deine Mama könnte den Delfin und alles wieder loswerden.«

»Echt? Wie denn?«

»Meine Großmutter hat mir mal von einem Trick erzählt …« Das Seepferdchen erklärt den Trick.

Der kleine Walfisch strahlt. »Okay. Ich mach das. Ich krieg das hin. Du wartest hier.«

»Ich hab doch sowieso keine Wahl«, sagt das Seepferdchen.

Der kleine Walfisch gibt Gas, um seine Mama zu überholen. Dann macht er eine Kehrtwendung und baut sich vor ihrem riesigen Kopf auf. Er rollt mit den Augen, wedelt mit den Flossen und zieht fürchterliche Grimassen.

»Was ist denn mit dir los?«, fragt die Mama.

»Ich mach Quatsch, lach doch mal!« Der kleine Wal schlägt Purzelbäume und dreht auf der Flossenspitze Pirouetten, so lange, bis seine Mama wirklich lachen muss. Dazu klappt sie ihr riesiges Maul weit auf – und schon flutscht der Delfin mit dem Hammerrochen heraus. Da ist endlich auch der Moment für das Seepferdchen gekommen: Es kitzelt mit seinen Kopfhörnern so lange den Kehlkopf des Rochens, bis der einen Hustenanfall bekommt und das Seepferdchen stolz und aufrecht hinausschwimmen kann.

Der kleine Walfisch staunt. »Du bist ja winzig!«

»Dafür bin ich aber schlau.«

»Und was machen wir jetzt?«

»Ich hab einen Plan, aber den muss ich dir ins Ohr sagen«, raunt das Seepferdchen, während es um den kleinen Walfisch herumschwimmt. »Wo ist denn überhaupt dein Ohr?«

Man hat nie wieder etwas von dem kleinen Walfisch und dem Seepferdchen gehört oder gesehen. Aber man vermutet die beiden bei einer großen Walfamilie in der Gegend von Neuseeland, in der Nähe einer menschenleeren Insel, wo es Seegras und Muscheln und Schwärme silberner Fische und viele kleine Krebse gibt. Es wird angenommen, dass der kleine Walfisch das Seepferdchen für die lange Reise einfach verschluckt und bei der einsamen Insel wieder ausgespuckt hat. Da können sie jetzt Wellenreiten oder Verstecken spielen oder auf Schatzsuche und Entdeckungsreise gehen. Denn das Meer steckt voller Geheimnisse und Geschichten, die noch niemand kennt.

Ostseetage
von Constanze Spengler

»Seid ihr gut angekommen?«, fragt Papa am Telefon.

»Ja«, sage ich. »Opa fährt viel schneller als du.«

»Ich weiß«, sagt Papa und lacht.

Dann gibt er Mama das Telefon. Mama will alles über unser Ferienhaus wissen. Wie es aussieht, wie viele Zimmer es hat, in welchem davon sie und Papa schlafen dürfen, wenn sie mich am Wochenende abholen. Ich erkläre alles ganz genau.

Von unserem Ferienhaus ist es nicht weit bis zum Meer. Man geht am Kiefernwäldchen vorbei, ein Stück an den Läden entlang und biegt dann zwischen dem Gasthof ›Soljanka-Lagune‹ und der Eisdiele ›Venezia‹ zum Strand ab. Vor der Eisdiele bleibe ich stehen.

»Na, mein Fritzchen«, fragt Opa, »wie viele Kugeln Eis sollen es denn heute sein?«

Ich heiße Frieda, aber Opa sagt meistens ›Fritzchen‹ zu mir, weil er mich so gerne mag.

»Drei«, antworte ich.

»Fang doch erst mal mit einer an, Spätzchen«, schaltet Oma sich ein. Oma sagt meistens Frieda zu mir. Nur wenn sie mich zu irgendwas überreden will, sagt sie ›Spätzchen‹.

Ich bekomme dann doch zwei Kugeln, denn Opa findet, zwei Kugeln Eis sind das absolute Minimum, wenn man Ferien macht. Ich finde das auch.

Wir nehmen unsere Eiswaffeln mit und suchen uns den schönsten Strandkorb aus.

»Was meinst du, Frieda«, fragt Oma, »wollen wir zwei uns mal in die Fluten stürzen?«

Ich will. »Kommst du auch mit?«, frage ich Opa.

»Nö«, sagt Opa. »Geht ihr mal schwimmen. Ich muss erst mal die Zeitung lesen.«

Oma und ich laufen in unseren Badeanzügen zum Wasser. Das Meer ist nicht wie das Schwimmbad: Es ist riesengroß, grau und es riecht komisch. Der Wind schwappt Wellen über unsere Füße.

»Herrlich!«, seufzt Oma.

»Schrecklich«, denke ich und sage: »Das Wasser ist viel zu kalt, Oma!«

»Das ist nur beim Reingehen so«, meint Oma. »Wenn man erst drin ist, ist es viel wärmer.« Oma überlegt: »Wollen wir zusammen reinrennen? Dann ist es nur ganz kurz kalt.«

So was kann sich wirklich nur Oma ausdenken.

»Du zuerst«, sage ich.

»Dann pass mal auf«, sagt Oma und rennt los. Ich renne auch. Zu Opa. So werde ich nicht vollgespritzt, als Oma sich mit einem riesigen Platsch ins Wasser wirft.

»Wolltet ihr nicht schwimmen gehen?«, fragt Opa.

»Das Wasser ist eiskalt«, sage ich.

Oma hat das wohl auch gemerkt, denn sie bleibt nicht lange drin. Opa muss sie in ein dickes Handtuch wickeln, als sie wieder rauskommt.

Den Rest des Nachmittags bauen Opa und ich eine Riesensandburg und Oma liest uns Sachen aus der Zeitung vor: In einem Land, wo Oma und Opa schon im Urlaub waren, macht die Regierung großen Murks und am Nachbarstrand haben Leute einen toten Schweinswal gefunden.

Abends kochen wir Spaghetti und spielen Mau-Mau, bis alle müde sind.

Am nächsten Tag fahren wir mit den Fahrrädern zum Strand. Wir nehmen den Weg durch den Kiefernwald und Opa zeigt mir, wie man am besten über Baumwurzeln und durch tiefen Sand fährt.

»Kommst du heute mit ins Wasser?«, frage ich Opa, während Oma meine Schwimm-flügel aufbläst.

»Nein«, sagt Opa, »ich muss erst noch E-Mails schreiben. «

Am Ufer bleibe ich vor einem Haufen Glibber stehen. »Was ist das, Oma?«

»Eine Qualle«, sagt Oma. »Die tut nichts. Nur bei Feuerquallen muss man auf-passen.«

»Warum?«

»Ach, die sind ganz selten, Spätzchen«, sagt Oma. »Wahrscheinlich gibt es hier gar keine.«

»Oma!«, sage ich. »WARUM muss man aufpassen?«

Oma erklärt, dass Feuerquallen auf der Haut brennen, wenn man sie berührt. Ich laufe schnell zurück zu Opa. Opa sagt, er kann auch später E-Mails schreiben, und dann spielen wir Federball, bis Oma genug gebadet hat.

Abends ruft Mama an. Sie will wissen, ob wir schon im Meer geschwommen sind.

»Nur Oma«, sage ich. »Opa und ich mussten E-Mails schreiben.«

Am Montag sind große Wellen auf dem Wasser. Oma ist begeistert. Ich nicht. Opa meint, es macht mir sicher Spaß, wenn ich mit Oma in den Wellen herumhopse.

»Kommst du nicht mit?«, frage ich.

»Nee, mein Fritzchen«, sagt Opa. »Ich brauch ein bisschen Bewegung!«

Opa will am Strand entlang bis in die Nachbarbucht laufen und für uns alle Fischbrötchen kaufen.

»Ich geh mit dir mit«, sage ich.

Im Fischladen gucken Opa und ich uns alle Fische in der Vitrine an. Es gibt ganz platte, welche, die wie Schlangen aussehen, und Fische mit spitzen Zähnen.

»Alle frisch aus unserer Ostsee«, sagt die Verkäuferin stolz.

Opa kauft drei Makrelenbrötchen und wir machen uns auf den Rückweg. Ich trage die Tüte mit den Fischbrötchen und Opa trägt mich, weil mir die Füße wehtun.

Abends male ich ein Bild von all den Tieren, die es im Meer gibt. Das schenke ich Oma, damit sie nicht traurig ist, weil sie immer allein schwimmen muss.

»Bin ich das?«, fragt Oma.

»Ja«, sage ich. »Und das da sind die Quallen und Hechte und Schollen. Und das Große, das nach dir schnappt, ist der Schweine-Wal.«

»Schweinswal, Spätzchen«, korrigiert Oma. »Nicht Schweine-Wal. Der sieht aber gruselig aus!«

»Wie sieht ein Schweinswal denn sonst aus?«, frage ich.

»Wie ein Delfin«, sagt Oma.

Delfine finde ich richtig toll. Deshalb nehme ich mir vor, ab jetzt jeden Tag ins Wasser zu gehen. Irgendwie traue ich mich dann aber nicht. Zum Glück will Opa auch lieber Muscheln suchen, Fußball spielen und mir im Strandkorb vorlesen.

Am Freitag ist der Sand so heiß, dass man barfuß kaum noch drauftreten kann.

»Puh«, sagt Oma. »Ich brauche eine Abkühlung. Gehen wir baden, Frieda?«

»Wir könnten ja mal ins Schwimmbad gehen«, schlage ich vor.

Opa guckt über seine Zeitung: »Soll ich mit ins Wasser kommen?«

»Ich weiß nicht, Eugen«, sagt Oma. »Ist das eine gute Idee?«

»Was soll schon passieren?!«, sagt Opa. »Das Wasser hier geht mir doch höchstens bis zum Bauchnabel.«

Ich blicke von Opa zu Oma und wieder zurück. Opa hebt die Schultern und lächelt.

»Ich kann nicht schwimmen«, sagt er. »Deshalb gehe ich nicht gern ins Wasser.«

»Wirklich, Opa?«, frage ich.

Opa nickt.

Oma und ich beschließen, dass Opa mit ins Wasser darf, wenn er nicht weiter rein-geht als bis dahin, wo ich auch noch stehen kann. Wenn man erst mal drin ist, ist das Wasser gar nicht kalt. Opa geht in die Knie und taucht sogar zur Probe einmal unter. Beim Auftauchen hat er Algen im Haar. Er sieht wie ein Seeungeheuer aus. Oma stellt sich ins tiefere Wasser und ich schwimme achtmal von Opa zu Oma und wieder zurück.

»Bravo, Frida«, lobt Oma.

»Hey«, sagt Opa, »und was ist mit mir?«

»Bravo, Opa!«, rufe ich.

Abends kommen Mama und Papa mit dem Auto.

Ich renne auf sie zu und rufe: »Los, wir gehen baden!«

Mama lacht und gibt mir einen Kuss.

»War dir das Meer nicht unheimlich?«, fragt Papa.

»Nein«, sage ich. »Bloß Opa hat sich erst nicht getraut. Aber jetzt schwimmen wir jeden Tag.«

Leinen los für Prinzessin Klara

von Barbara Peters
mit Bildern von Anke Hennings-Huep

»Quallenglibber und Walfischtran!«, schimpft eine wütende Stimme.

Huch, was war denn das? Prinzessin Klara lässt ihren Sandeimer fallen und duckt sich blitzschnell hinter eine Düne. Am königlichen Strand ist jemand! Wer kann das nur sein?

Klara lugt vorsichtig durch die Gräser zum Wasser und sieht, wie drei Männer in bunten Hemden und löchrigen Hosen aus einem Ruderboot steigen. Während der erste versucht, nicht mit seinem Holzbein im Sand zu versinken, rückt der zweite seine Augenklappe zurecht. Und als der dritte dann noch eine silbrig glänzende Hakenhand schwingt, weiß die kleine Prinzessin Bescheid: Das sind Piraten! Echte Piraten! Wie cool ist das denn?!

Klara spitzt die Ohren. Sie will unbedingt wissen, was sich die drei Seeräuber erzählen. Aber viel kann sie leider nicht hören. Nur einige wenige Worte schweben über den Strand.

»Schloss«, hört Klara und »König« und »Gold und Silber«. Das klingt ja spannend! Was haben die Piraten bloß vor?

»Prinzessin Klara«, weht da zu ihr herüber. Überrascht hebt sie den Kopf. Die Piraten kennen sie? Klara muss leise kichern. Sie wusste gar nicht, dass sie so berühmt ist.

»Wir sollten die Prinzessin in der Nacht schnappen. Dann schlafen sie im Schloss alle!«, sagt der Pirat mit der Hakenhand auf einmal laut und deutlich. Die Piraten sind näher gekommen.

Der Pirat mit dem Holzbein reibt sich die Hände: »Für die Prinzessin kriegen wir jede Menge Lösegeld vom König. Silber und Gold!«

Aha! Das planen die Piraten also: Sie wollen Klara entführen. Oh Mann, ist das aufregend!

Leise krabbelt Klara auf allen vieren zurück zum Schloss. Die Seeräuber dürfen sie nicht entdecken, sonst entführen sie sie womöglich sofort – und das kommt überhaupt nicht infrage!

Den Rest des Tages schuftet die Prinzessin so hart wie nie zuvor. Doch als es dunkel wird, sitzt sie reisefertig auf ihrem Bett. Jetzt kann es losgehen. Klara lauscht ungeduldig. Wo bleiben diese verflixten Piraten bloß? Plötzlich raschelt es im Schlosshof, die Prinzessin hört ein Flüstern und das Knirschen von Schritten auf dem Kies.

Ta-tam, ta-tam. Klaras Herz wummert wie verrückt. Es ist so weit – sie kommen!

Als der erste Seeräuber sein Holzbein durch das Fenster schiebt, springt die kleine Prinzessin ungeduldig auf. Endlich! Endlich wird sie entführt!

Fluchend wälzt sich der letzte Pirat über das Fensterbrett: »Walfischpo und Schollenschiet! Blöde Dornen! Ich bin total zerkratzt! Jetzt müssen wir nur noch die Prinzessin finden und dann …«

»Kein Problem!«, lacht Klara und knipst mit vor Aufregung zitternden Händen ihre Nachttischlampe an. »Hier bin ich!«

»Licht aus und Ruhe, du Landratte!«,
zischt Hakenhand. »Sonst werden wir entdeckt!«

»Keine Sorge«, sagt Klara. »Die schlafen alle fest. Ihr könnt schon mal das Gepäck nehmen.«

Die Piraten starren erschrocken auf die Koffer und Kisten, die Handtaschen und Rucksäcke, die sich vor dem Bett türmen.

Klara lächelt beruhigend: »Das ist schon alles. Ich habe nur das Nötigste eingepackt.«

»D-d-das s-s-soll a-a-alles m-m-mit?«, stottert Holzbein.

»Auf keinen Fall!«, ruft Hakenhand. »Der Kram bleibt hier. Die Prinzessin reicht uns.«

»Du, Käpt'n …« Augenklappe flüstert etwas in Hakenhands Ohr.

Der Käpt'n grinst: »Schätze?«

»Natürlich sind da meine Schätze drin!«, ruft Klara schnell. »Was denn sonst? Und nun ran an die Koffer! Los, los!«

Es wird schon hell, als Augenklappe die letzte Handtasche ins Ruderboot pfeffert.

»Geschafft!« Der Käpt'n schaut Klara an. »Los, steig ein. Und dann volle Kraft voraus!«

»Wie bitte?«, fragt Klara erstaunt. »Ich dachte, ich werde entführt. Ihr müsst mich tragen.«

»Nee!«, ruft Holzbein. »Ich kann nicht mehr!«

»Tja«, lächelt Klara. »Dann bleibe ich hier sitzen – aber ohne mich gibt es kein Lösegeld.«

Käpt'n Hakenhand schaut seine Matrosen wütend an und befiehlt: »Los! Zack, zack! Ins Boot mit der Göre!«

»Göre? – Für euch immer noch Königliche Hoheit!«, sagt Klara vornehm. »Vergesst nicht: Ich bin eine Prinzessin.«

Und dann lässt sie sich von Holzbein und Augenklappe ins Boot heben und zum Piratenschiff rudern, das hinter einer Landzunge ankert.

Über eine Strickleiter klettert Klara an Deck des großen Segelschiffes. Sie ist schon richtig gespannt darauf, wo sie wohnen und schlafen und welche Abenteuer sie wohl bei den Piraten erleben wird. Entführt wurde sie schließlich noch nie!

Ein Sonnenstrahl, der durch das Bullauge fällt und Klaras Nase kitzelt, weckt die Prinzessin am nächsten Morgen in aller Frühe. Verschlafen schaut sie sich in der Kapitänskajüte um. Schön ist es hier, viel gemütlicher als in dem Laderaum, in den die Piraten sie gestern Abend eigentlich sperren wollten. Allerdings wusste der Käpt'n da noch nicht, wie schrill Prinzessinnen kreischen können. Schon nach wenigen Minuten Klara-Geschrei bekamen die Piraten heftiges Kopfweh und jetzt drängen sie sich zu dritt in einer Koje im Vorschiff. Klara kichert. Das hat ganz wunderbar geklappt. Sie braucht nun einmal Platz für ihre Schätze!

Barfuß tapst sie an Deck. Was für ein herrlicher Tag! Über den blauen Himmel treiben weiße Schäfchenwolken und das Meer schimmert im Sonnenlicht. Klara schaut sich um. Was ist das eigentlich für ein Korb da oben? Den muss sie sich unbedingt genauer ansehen.

Als die Piraten wenig später gähnend an Deck klettern, hören sie ein lautes Jauchzen.

»Huhuuuu! Aho-hoi!«, ruft Klara fröhlich und winkt den verschlafenen Seeräubern vom Mastkorb aus zu.

»Holt die Göre da runter!«, befiehlt der Käpt'n wütend.

»Aye, aye, Sir!«, antworten Holzbein und Augenklappe und klettern in Windeseile den Mast hinauf.

Doch so einfach ist die Sache nicht. Als die Seeräuber den Mastkorb erreichen, rutscht die Prinzessin wie ein Äffchen an einem Tau hinunter. Eine wilde Jagd beginnt, bei der Klara die Piraten ganz schön ins Schwitzen bringt. Die Prinzessin ist nämlich immer einen Tick schneller als Holzbein und Augenklappe. Schließlich steht sie frei-händig auf der Reling und ruft lachend: »Okay, das war lustig! Wenn ich jetzt Schokopudding zum Frühstück kriege, dann haue ich nicht mehr ab.«

»Jajaja«, keucht Holzbein und wischt sich den Schweiß von der Stirn. »Ich koche dir Pudding. Hauptsache, du kommst wieder an Deck!«

Klara genießt das Piratenleben in vollen Zügen. Sie muss bloß ein kleines bisschen die Luft anhalten, bis sie blau anläuft, und schon darf sie alles. Sogar das Schiff rund um die Insel segeln.

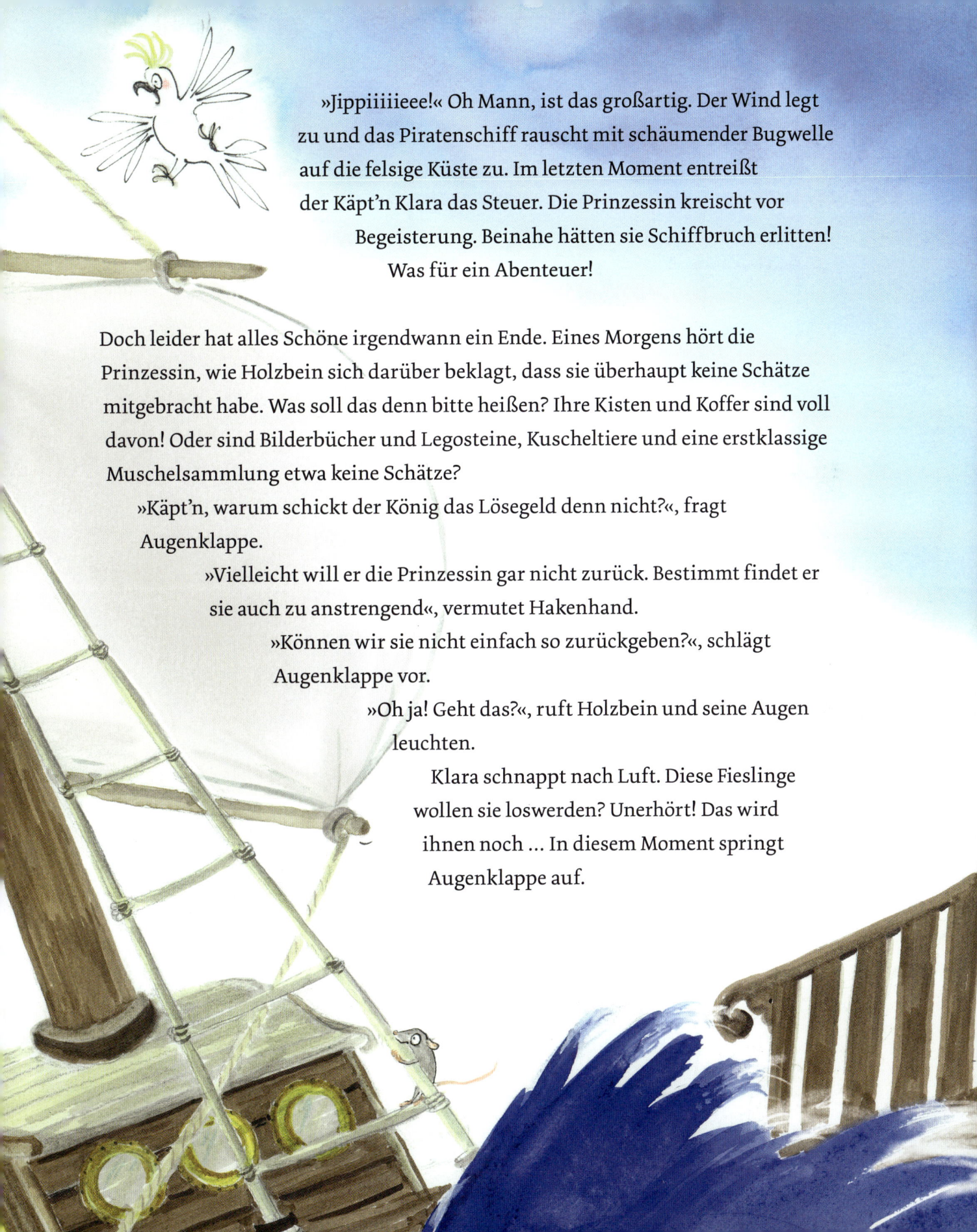

»Jippiiiiieee!« Oh Mann, ist das großartig. Der Wind legt zu und das Piratenschiff rauscht mit schäumender Bugwelle auf die felsige Küste zu. Im letzten Moment entreißt der Käpt'n Klara das Steuer. Die Prinzessin kreischt vor Begeisterung. Beinahe hätten sie Schiffbruch erlitten! Was für ein Abenteuer!

Doch leider hat alles Schöne irgendwann ein Ende. Eines Morgens hört die Prinzessin, wie Holzbein sich darüber beklagt, dass sie überhaupt keine Schätze mitgebracht habe. Was soll das denn bitte heißen? Ihre Kisten und Koffer sind voll davon! Oder sind Bilderbücher und Legosteine, Kuscheltiere und eine erstklassige Muschelsammlung etwa keine Schätze?

»Käpt'n, warum schickt der König das Lösegeld denn nicht?«, fragt Augenklappe.

»Vielleicht will er die Prinzessin gar nicht zurück. Bestimmt findet er sie auch zu anstrengend«, vermutet Hakenhand.

»Können wir sie nicht einfach so zurückgeben?«, schlägt Augenklappe vor.

»Oh ja! Geht das?«, ruft Holzbein und seine Augen leuchten.

Klara schnappt nach Luft. Diese Fieslinge wollen sie loswerden? Unerhört! Das wird ihnen noch … In diesem Moment springt Augenklappe auf.

»Schiff ahoi!«, brüllt er und zeigt auf ein Boot, das unter vollen Segeln um die Landzunge rauscht und bei dem Piratenschiff längsseits geht.

»Hurra! Das ist Papa!« Klara stürmt zur Reling und winkt ihrem Vater freudig zu.

»Wieso kommst du erst jetzt, um deine Tochter zu befreien?«, schimpft der Käpt'n.

»Tut mir leid«, sagt der König. »Meine Gelehrten haben so lange gebraucht, eure Geheimbotschaft zu entziffern.«

»Geheimbotschaft? Ich habe einfach einen Brief geschrieben!« Hakenhand ist verwirrt.

»Zeig mal, Papa!«, ruft Klara. Der König reicht ihr den Brief über die Reling und die Prinzessin liest: »WiA hAm de Prnsesn! Her midm gält, sons isse dod.« Darunter prangt ein gruseliger Totenkopf als Unterschrift.

Klara prustet los: »Was soll das denn heißen?«

»Da steht: Wir haben die Prinzessin. Her mit dem Geld, sonst ist sie tot!«, brummt Käpt'n Hakenhand. »Könnt ihr nicht lesen?«

»Doch«, sagt der König und hält einen dicken Lederbeutel hoch. »Deshalb habe ich ja hier das Löse…«

»Nicht nötig, Papa!«, unterbricht ihn Klara. »Die Piraten lassen mich auch so wieder nach Hause.« Sie zögert. »Obwohl ich ja gerne noch ein Weilchen bleiben würde. Wir hatten doch wirklich viel Spaß zusammen, oder?«

Die Piraten werden blass.

»Nein, nein! Fahr man ruhig wieder nach Hause!«, sagt Augenklappe schnell.

»Ja, mach das!«, fügt der Käpt'n hinzu. »Das mit dem Lösegeld ist nicht so wichtig.« Holzbein nickt wie wild.

»Na gut«, lacht Klara und klettert zu ihrem Papa auf das königliche Schiff. Dann dreht sie sich noch einmal zu den Piraten um und ruft: »Ihr könnt jetzt mein Gepäck rüberbringen!«

Piraten, die fürchten sich nie

Text: Barbara Peters **Musik: Anne Jaspersen**

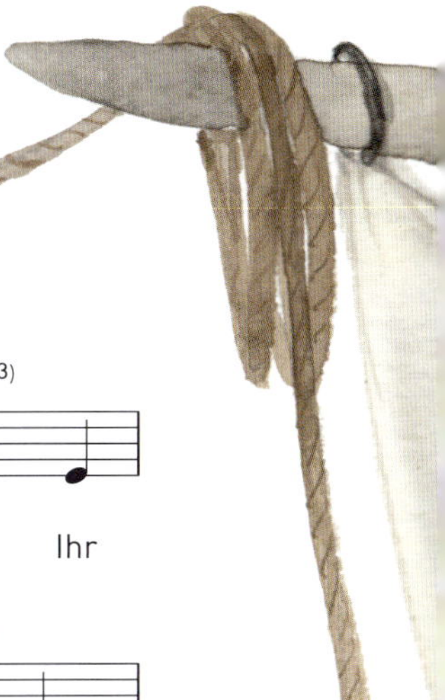

1. Pi - ra - ten sind wil-de Ge - sel - len.__ Sie lie-ben das Meer, Gischt und Sturm. Ihr Schiff saust durch to-sen-de Wel-len und sind die auch hoch wie ein Turm: Pi - ra-ten, die fürch-ten sich nie. Pi - ra-ten, die fürch-ten sich nie, ja nie!

2. Sie lieben den Wind in den Haaren
   und Sonne und Salz auf der Haut.
   Wenn sie übern Ozean fahren,
   dann grölen und johlen sie laut:
   Piraten, die fürchten sich nie.
   Piraten, die fürchten sich nie, ja nie!

3. Ihr Schiff, das hat blutrote Segel.
   Der Totenkopf flattert am Mast.
   Ein jeder Pirat ist ein Flegel,
   er rülpst und er pupst, wann's ihm passt.
   Piraten, die fürchten sich nie.
   Piraten, die fürchten sich nie, ja nie!

4. Piraten, die lieben das Fluchen:
   Verdori! Verdammi! So'n Schiet!
   Wenn dich mal Piraten besuchen,
   dann fluchst du am besten laut mit.
   Piraten, die fürchten sich nie.
   Piraten, die fürchten sich nie, ja nie!

RÜLPS!

Das Märchen vom verlorenen Fischbrötchen

**von Sibylle Rieckhoff
mit Bildern von Miriam Elze**

Es war einmal eine Möwe, die lebte still und vergnügt am Elbstrand. Bei Flut paddelte sie auf den Wellen, bei Ebbe pickte sie im Schlamm. Wenn eine steife Brise wehte – und die wehte oft in der großen Stadt am Fluss –, ließ die Möwe sich vom Wind in die Lüfte heben und sah den Leuchtturm von oben. So weit war alles in Ordnung. Wenn nur nicht die freche Ratte gewesen wäre. Die war eigentlich auch ganz nett, aber ziemlich verfressen. Wenn was Leckeres am Wegesrand lag, kannte sie keine Freunde.

Und so geschah es eines Tages, dass Möwe und Ratte sich stritten. Es ging um ein Fischbrötchen, das achtlose Menschen weggeworfen hatten. Ein leckeres Brötchen mit oben und unten und dazwischen einem Matjes. Ei, darauf hatte die Möwe großen Appetit! Aber die Ratte auch.

»Es gehört mir!«, rief sie und schlug ihre spitzen Zähne in das Brötchen.

»Nein, mir!«, kreischte die Möwe und hackte mit dem Schnabel danach. »Ich habe es zuerst entdeckt!«

»Nein, ich!!«

»IIICH!!!«

Der Streit hätte böse enden können, wenn nicht die Katze gekommen wäre. Die war zwar kein großer Freund von den beiden, aber sie war weise. Und sie hasste Zoff.

»Wie wär's mit einem Wettkampf?«, schlug sie vor. »Wer zuerst oben auf dem Leuchtturm ist, hat gewonnen und bekommt das Brötchen.«

Die beiden waren einverstanden und auf »Los!« ging's los. Die Ratte kletterte rattenschnell von außen am Gestänge hoch, die Möwe schwang sich in die Luft. Es wehte aber ein steifer Nordost-Wind und der Flug war beschwerlich. So kam es, dass sie zur selben Zeit die Spitze des Leuchtturms erreichten.

In der Ferne lag die Stadt in all ihrer Pracht und Schönheit. Das interessierte die beiden aber nicht die Bohne, das Fischbrötchen war viel wichtiger. Wer sollte es nun kriegen? Sie überlegten und entschieden: beide. Die eine die Oberhälfte vom Brötchen, die andere die Unterhälfte. Eine den vorderen Teil vom Matjes, die andere den Schwanz. Ach, was waren sie doch für kluge und gerechte Tiere! Die Katze würde stolz auf sie sein. So machten sie sich flink auf den Rückweg. Aber unten angekommen waren da weder Brötchen noch Katze. Letztere verschwand gerade im Wald und leckte sich genüsslich das Mäulchen. Da ging es dahin, das leckere Fischbrötchen, und war für immer und ewig verloren.

So eine Frechheit! Das sollte ihnen nie, niemals wieder passieren, daher beschlossen sie, sich zu verbünden. Von nun an gingen Möwe und Ratte gemeinsam durchs Leben, denn zusammen ist man stärker und schlauer als allein. Alles, was sie am Elbstrand fanden, wurde ab jetzt brüderlich geteilt. Zu einer Hochzeit der beiden kam es allerdings nie; sie waren ja schließlich nicht Prinz und Prinzessin! Aber eins ist sicher: Sie leben garantiert noch heute. Und die Katze geht ihnen lieber
aus dem Weg.

Columbus Bär entdeckt das Meer

von Katja Reider

mit Bildern von Louise Heymans

Oft saß der kleine Columbus Bär hoch oben auf einer Steilklippe und sah mit seinem Fernrohr hinaus aufs Meer. Am liebsten beobachtete Columbus, wie die hellen Sonnenstrahlen ins Wasser tauchten und dort zu bunten Kringeln und Linien wurden.

»Eines Tages tauche ich auch da hinunter«, sagte Columbus Bär zu seiner Mutter. »Du wirst schon sehen.«

»Papperlapapp«, sagte Mama Bär. »Bleib mal besser hier! Im Meer schwimmen nur Fische herum und die sehen alle gleich aus.«

Aber das wollte Columbus Bär schon selber sehen.

Also holte er eines Tages gaaanz tief Luft und sprang mit einem lauten Platscher ins Wasser. Mitten hinein in einen großen Fischschwarm.

»Mama hatte recht«, murmelte Columbus, während sich tausend runde Fischaugen neugierig auf ihn richteten. »Die sehen alle gleich aus …«

»Was ist denn das für ein Blindfisch?«, schimpften die Fischchen. »Platzt hier herein und beleidigt uns direkt.«

»So w-w-war das doch nicht gemeint!«, stotterte der kleine Bär.

Aber da war der Schwarm bereits verschwunden. Stattdessen paddelten zwei seltsame kleine Würmchen eilig an Columbus' Nase vorbei. Auf ihren geschwungenen Rücken rotierten feine Flossen wie winzige Propeller.

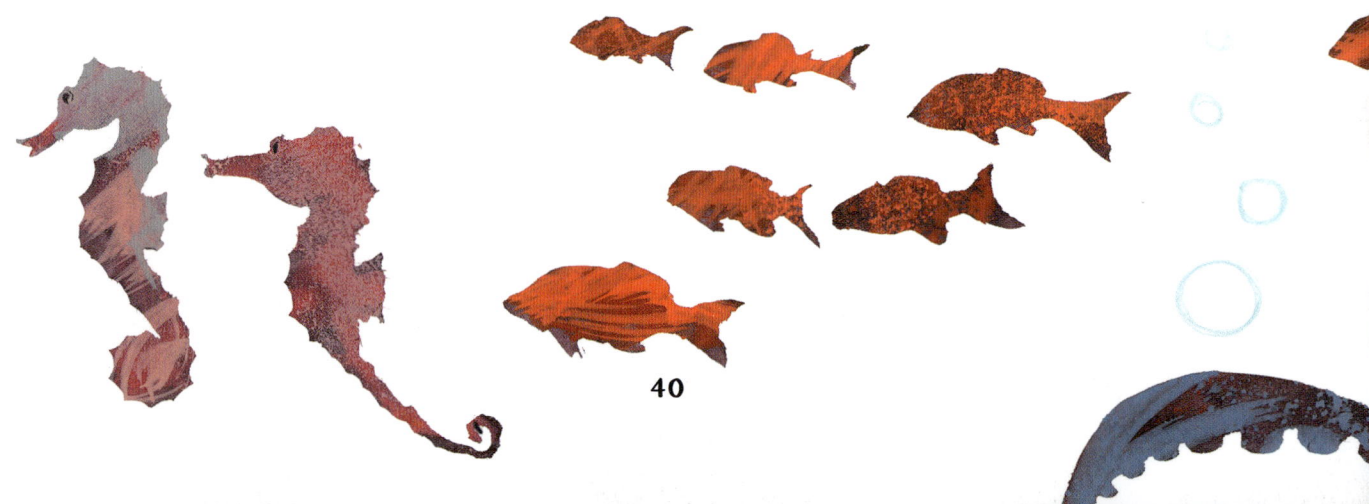

»Verzeihung«, sagte Columbus, dieses Mal sehr höflich. »Seid ihr auch Fische?«

»Na logo«, sagte das eine Würmchen.

»Wir sind Seepferdchen«, erklärte das andere.

»Pferdchen!« Columbus Bär prustete. »Diese Winzlinge ... Haha!«

Aber da wurde er plötzlich gepackt. Ein langes Etwas wand sich blitzschnell um seinen Bauch, wirbelte ihn durchs Wasser und als Nächstes erblickte Columbus eins, zwei, drei, ... acht Fangarme mit kleinen Saugnäpfen und darüber ein großes Gesicht.

»Wie siehst du denn aus!«, rief der kleine Bär verblüfft.

Gemütlich verschränkte der andere zwei seiner Fangarme. »Das Gleiche wollte ich auch gerade sagen.«

»Wieso?«, fragte Columbus Bär. »Ich sehe doch aus wie ein ganz normaler Bär.«

»Und ich wie ein ganz normaler Tintenfisch«, sagte der andere. »Aber was ist heutzutage schon normal, nicht wahr? Bären unter Wasser jedenfalls nicht!«

Und wo er recht hatte, hatte er recht.

Gemeinsam schwammen die beiden weiter ins Meer hinaus.

»Auweia, da kommt ein Hai!«, rief der Tintenfisch plötzlich.

Und tatsächlich! Schon blickte der kleine Bär direkt in ein weit aufgerissenes Maul mit vielen spitzen Zähnen. Oje! Columbus zitterte. Doch plötzlich klappte der Hai sein Maul wieder zu.

»Was bist du denn eigentlich?«, fragte er misstrauisch.

»I-i-ich, ich b-b-bin ein B-b-bär«, stotterte Columbus.

»So 'n Quatsch!«, schnaubte der Hai. »Ich kenne jeden hier unten. Im Meer gibt es keine Bären wie dich!«

»Tja«, sagte Columbus, »wenn es mich nicht gibt, kannst du mich auch nicht fressen.«

»Stimmt auch wieder«, sagte der Hai, drehte ab und schwamm davon.

Ächzend wand sich der Tintenfisch aus der Felsspalte, wo er sich versteckt hatte.

»Puh!« Columbus seufzte. »Ich muss mich erst mal setzen.«

»Nicht da!!!«, rief der Tintenfisch.

Aber es war zu spät. Erschrocken rieb sich Columbus seinen Po.

»Diese komische Blume hat mich gezwickt!«, rief er empört.

»Das ist keine Blume«, erklärte der Tintenfisch, »sondern eine Seeanemone!«

»Aber Anemonen sind doch Blumen«, sagte Columbus.

»Bei uns nicht«, sagte der Tintenfisch und reichte Columbus Bär einen seiner Fangarme. »Na komm, ich bringe dich besser nach Hause.«

»Ach ja, bitte«, sagte Columbus dankbar. »Für heute habe ich genug entdeckt.«

Langsam paddelten die beiden zurück. Es wurde heller und heller. Und als Columbus schon die vertrauten bunten Kringel der Sonnenstrahlen über sich sah, zog plötzlich ein glänzender Körper wie ein silberner Pfeil an ihnen vorüber.

Columbus Bär strahlte. »Endlich mal ein Fisch, der auch aussieht wie ein Fisch«, sagte er zufrieden.

Der Silberpfeil stoppte. »Aber ich bin gar kein Fisch«, entgegnete er. »Ich bin ein Delfin! Das ist etwas gaaaanz anderes.«

Columbus Bär seufzte wieder.

Als das Ufer in Sicht war, schüttelte Columbus dem Tintenfisch feierlich alle acht Fangarme. »Ich komme wieder«, versprach er seinem Freund. »In deiner Welt gibt es so viel zu entdecken!«

Dann verabschiedeten sich die beiden und Columbus Bär schwamm an Land.

»Nanu«, staunte Mama Bär. »Du bist ja ganz nass. Warst du etwa doch unten im Meer?«

Columbus nickte. Vor Mama konnte man sowieso nichts geheim halten.

»Und?«, brummte Mama, während sie den kleinen Bären trocken rubbelte. »Hat es dir gefallen? Ach, sicher war es schrecklich langweilig. Diese Fische sehen ja alle gleich aus.«

»Tja, also ...« Columbus überlegte, ob er Mama von seinen Abenteuern berichten sollte. Mama hatte manchmal so entsetzlich schwache Nerven. Aber Columbus Bär war nun mal ein Entdecker! Besser, Mama gewöhnte sich daran. Also begann Columbus zu erzählen ...

Der Kleinste von allen

von Karin Baron
mit Bildern von Nele Palmtag

Es gibt viele Türme in Hamburg. Kirchtürme, Leuchttürme, Rathaustürme, Wassertürme, einen Fernseh- und einen Pegelturm, der den Wasserstand der Elbe misst. Aber was kaum einer weiß: Jeder von ihnen will der höchste, der schönste oder der berühmteste sein. Den lieben langen Tag streiten sie miteinander. Wenn man ein Ohr an ihre Mauern legt, kann man es hören.

»Ich bin auf alle Fälle am höchsten«, brüstete sich einmal der Kirchturm der Nikolaikirche. »Ich war sogar mal der höchste Kirchturm der Welt.«

»Dafür ist dein Kirchenschiff im Eimer«, gab der Turm der Katharinenkirche von nebenan schnippisch zurück. »Total im Eimer!«

Das war gemein, denn kaputtgegangen war das Kirchengebäude im letzten Krieg, dafür konnte Sankt Nikolai also gar nichts.

»Ich bin der beliebteste«, sagte der Michel mit seinem runden Hut, »sogar einen Kosenamen hat man mir gegeben.« Eigentlich heißt er nämlich Sankt Michaelis. »Und überhaupt, ich bin *das* Wahrzeichen der Stadt Hamburg und hab einen Fahrstuhl bis fast ganz nach oben.«

»Neben der neuen Elphi siehst du aber ganz schön alt aus«, stänkerte Sankt Nikolai. »Und dafür, dass du dich *Wahrzeichen* nennst, lügst du, dass sich meine Balken biegen. Oder wer hat neulich behauptet, dass er schon immer hier steht? Zweimal mussten sie dich wieder aufbauen, weil du ständig abgebrannt bist. Ganz ohne Krieg … Und einen Fahrstuhl hab ich übrigens auch.«

»Phh. Fahrstuhl! Wenn ich jahrelang so ein hässliches Gerüst um mich herum gehabt hätte wie du, wär ich ja mal ganz still«, ätzte der Katharinenturm.

»Dich hat man ewig nicht gesehen, egal wie hoch du bist. Außerdem, was ist schon so ein blöder Aufzug gegen meine goldene Turmspitze aus dem Schatz von Störtebeker? Klaus Störtebeker! Kennst du ja wohl: der berühmteste Pirat der Stadt.«

»Meine Lieben, jetzt haltet mal bitte schön alle die Luft an«, mischte sich da der Rathausturm ein. »Ich hab den besten Blick über die Binnen- und die Außenalster und bei mir wohnt außerdem der Hamburger Bürgermeister. Das ist der wichtigste Mann hier überhaupt.«

Empört blickten sich die Türme von Sankt Petri und Sankt Jacobi an. »Moooment, du Wichtigtuer!« Sankt Jacobi zitterte vor Ärger. »Wir stehen ganz in deiner Nähe und gucken genauso über die Alster wie du. Und bei uns wohnt immerhin der liebe Gott! Gegen den kannst du deinen ollen Bürgermeister einpacken.«

Beleidigt knallte der Rathausturm seine Türen zu und schwieg.

Tagsüber reißen sich die Hamburger Türme zusammen und halten einigermaßen still, schon wegen der vielen Touristen. Doch nachts geraten sie außer Rand und Band. Sie piken einander mit ihren Spitzen. Sie schlagen sich gegenseitig ihre Glocken um die Ohren und bewerfen sich mit den Zeigern

der Turmuhren. Einmal schleuderte der Fernsehturm, den sowieso keiner ernst nimmt, dem Michel seine Aussichtsplattform wie eine Frisbee-Scheibe an den Hals, sodass der tagelang einen dicken Schal tragen musste.

»Pass bloß auf, dass sie dich nicht abreißen, du alberner Telemichel«, gifteten alle anderen Türme zusammen.

»Geht nicht«, gab der frech zurück. »Ich steh unter Denkmalschutz.«

Nur einer kann den Streit der steinernen Riesen überhaupt nicht verstehen. Das ist Herbert, der kleinste Leuchtturm Hamburgs. Herbert steht an der Spitze der Elbinsel Wilhelmsburg, wo sich der Fluss in Norderelbe und Süderelbe teilt, und regelt dort den Schiffsverkehr. Herbert ist es schnurzpiepegal, ob er als der schönste oder der berühmteste Turm gilt und ob der Bürgermeister oder sonst wer Wichtiges in ihm wohnt.

Herbert ist nicht einmal rot-weiß geringelt wie die meisten anderen Leuchttürme der Stadt, sondern grün und aus Holz. Er braucht keinen Goldschatz auf seinem Kopf und einen Aufzug erst recht nicht. Er braucht nur eine Außentreppe, damit man regelmäßig die Scheiben seines Leuchtfeuers putzen kann und die Leute bei ihm

hereinschauen. Und das tun sie. Sie klettern hoch zu ihm, picknicken zu seinen Füßen im Gras und freuen sich, dass sie die Elbe doppelt sehen können.

Herbert hat das Zeug zum heimlichen Lieblingsturm der Hamburger. Wenn sie ihn erst einmal entdeckt haben. Aber auch das ist Herbert schnurzpiepegal.

Max von Meer

von Kai Pannen
mit Bildern von Anke Hennings-Huep

Jeden Tag trafen sich Jens und Pit auf ihrer Bank auf dem Deich und warteten auf die Ebbe. Von dort oben aus konnten die beiden Möwen besonders gut sehen, wann das Wasser zurückging.

»Wer zuerst kommt, isst zuerst«, pflegte Jens zu sagen. Und deshalb saßen sie immer schon lange vor der Ebbe dort, um als Erste die leckeren Muscheln und Krebschen aufzupicken, die das Meer zurückließ.

Doch als sie sich am letzten Dienstag auf ihrer Bank niederlassen wollten, saß dort bereits eine merkwürdige Gestalt.

»Was macht sich denn da für ein feiner Pinkel auf unserem Platz breit?«, krächzte Pit.

»Unverschämt! Denkt wohl, der wär was Besseres mit seinem weißen Hemd und schwarzen Frack«, schimpfte Jens. »Was ist denn das überhaupt für einer?«

»Eine Robbe, würd ich sagen.«

»Nee, Robben haben doch keinen Schnabel.«

»Stimmt ja. Dann ist er wohl eine Art Vogel.«

»Aber komische Flügel hat der. Sehen aus wie Flossen.«

Die beiden Möwen landeten direkt vor der Bank und sahen den komischen Vogel von der Seite an.

»Moin moin, junger Mann. Nichts für ungut, aber das ist unsere Bank. Wir sitzen jeden Tag hier«, sagte Pit.

»Oh, ich wollte Ihnen Ihren Platz nicht streitig machen«, entschuldigte sich der Fremde und sprang von der Bank hinunter. »Ich darf mich vorstellen: Max von Meer.«

»Jens«, sagte Jens und setzte sich auf die Bank.

»Pit«, krächzte Pit, der neben Jens Platz genommen hatte. »Dürfen wir erfahren, was für ein Vogel du bist?«

»Na, das sieht man doch! Ich bin ein Pinguin.«

»Soso. Und wo soll die Reise hingehen?«, fragte Jens den Pinguin.

»Die ist hier zu Ende. Meine Eisscholle ist mir nämlich unter den Füßen weggeschmolzen.«

»Wo kommst du denn her, mit so einer Eisscholle?«, wollte Jens wissen.

»Vom eisig kalt erfrischenden Südpol.«

»Und warum biste nicht da geblieben, wenn es doch so wunderbar erfrischend dort ist?«

»Weil das Eis schmilzt. Und es bricht. Ich bin beim Angeln eingeschlafen und als ich wieder aufwachte, trieb ich auf einer kleinen Eisscholle mitten im Meer. In jeder Richtung nur Wasser, so weit das Auge reicht. Je weiter mich die Wellen trieben, desto wärmer wurde es und meine Scholle immer kleiner. Und genau hier ist sie dann komplett weggeschmolzen.«

»Wieso fliegst du denn nicht einfach zurück?«, fragte Pit.

»Fliegen kann ich nicht«, sagte Max von Meer.

»Ach was. Also, fliegen sollte man schon können, wenn man hier lebt«, grummelte Pit.

»Alle Vögel können hier fliegen«, ergänzte Jens. »Wer nicht fliegen kann, ist nämlich kein richtiger Vogel ...«

»... und passt einfach nicht hierher«, beendete Pit den Satz.

»Hmmm. Echt? Dann lerne ich halt das Fliegen!«, rief Max und streckte entschlossen seine Flügelchen aus.

»Wenn du meinst. Denn man tau«, sagte Jens und blickte den Pinguin zweifelnd an.

Max hatte in seinem ganzen Leben noch nicht einmal versucht zu fliegen. Das war bei Pinguinen einfach nicht üblich. Man musste schwimmen und tauchen können, aber nicht fliegen.

»Entschuldigen Sie bitte.« Max hüpfte auf die Bank, die ihm als Startplatz geeignet erschien. Dann flatterte er wild mit seinen Stummelflügeln, machte einen ziemlich großen Satz – und landete unsanft auf dem Boden.

»Springen kann er ja«, kommentierte Jens.

»Ja, aber Fliegen war das nicht. Eher Stürzen«, ergänzte Pit.

»Es ist noch kein Meister vom Himmel gefallen«, entschuldigte sich Max und klopfte sich den Staub vom Gefieder.

Als Nächstes versuchte er es mit Anlauf. Er breitete die Flügel aus, holte tief Luft und rannte, so schnell er konnte, den steilen Deich hinab. Ungefähr in der Mitte des Hanges stolperte er und schlitterte bäuchlings über das Gras, bis er mit einem lauten Platscher im Schlick landete.

»Da hätte der feine Herr Pinguin wohl besser Gummistiefel anziehen sollen«, lachte Pit auf eine Art, wie es nur Möwen können.

»Das mit dem Fliegen klappt ja nicht so gut«, lästerte Jens.

»Pff! Ich flieg halt auf meine Art, ich werd's euch schon zeigen.« Damit paddelte Max hinaus ins tiefere Wasser.

Die Möwen zögerten, aber waren doch neugierig genug, um Max bei seiner Flugvorführung »auf seine Art« zuzusehen. Also flogen sie mit hinaus aufs Meer.

»Schaut genau hin, ich kann nämlich unter Wasser fliegen!«, rief Max und tauchte ab.

Jens und Pit sahen zu, wie er unter den Wellen in der Tiefe Loopings drehte, sich in Steilkurven vergnügt um sich selber schraubte und so ganz nebenbei den ein oder anderen Fisch fing. Dann schnellte er wie ein Delfin aus dem Wasser und landete mit einem Bauchplatscher, dass es nur so spritzte.

»So, und jetzt ihr! Mal gespannt, ob ihr das auch könnt«, forderte er die Möwen auf.

»Wenn's weiter nichts ist«, dachten die Möwen und stürzten sich in die Fluten. Doch anstatt zu tauchen, tanzten sie wie Bojen auf den Wellen. Mehr als ihre Köpfe bekamen sie nicht unter Wasser.

Max hielt sich den Bauch vor Lachen. »Ist das alles? Tiefer kommt ihr nicht? Ein richtiger Vogel muss doch tauchen können!«

»Quatsch nicht, fliegen muss er können!«, krächzte Piet.

»Wozu? Gibt's da oben etwa Fische und Muscheln?«

»Pah! Gibt's da unten etwa den herrlichen Überblick über das Meer und das Land?«

»Dann ergänzen wir uns ja perfekt«, überlegte Max. »Ich komm nicht in die Luft und ihr nicht unter Wasser.«

Nachdenklich kehrten die Möwen zurück auf ihre Bank. Wenig später kam Max den Deich hinaufgewatschelt.

Pit rückte ein wenig zur Seite: »Also, wenn du magst … Ist ja genug Platz auf der Bank.«

Max hüpfte zwischen die beiden Möwen. Friedlich saßen sie nun zu dritt und blickten hinaus aufs Meer.

Nach einer Weile fragte Max: »Hunger?«

»Sehr sogar. Aber bis zur Ebbe dauert's noch ein Weilchen«, antwortete Jens.

»Ach, wen kümmert schon die Ebbe? Ich hab uns einen Happen von da unten mitgebracht«, sagte Max und zog ein paar Fische und Krabben hervor. Gemeinsam verspeisten sie die leckere Mahlzeit.

Als sie satt waren, piepste Pit kleinlaut: »Tauchen müsste man können.«

»Ja, Tauchen wäre schon gut«, gab Jens zu.

Aber zum Glück war ja nun Max bei ihnen.

Die goldene Kette

von Julie Bender
mit Bildern von Lena Hällmayer

Dort, wo heute die Hamburger HafenCity steht, war im Mittelalter nur eine grüne Wiese, auf der die Bürger ihre Kühe weiden ließen. Auf dieser Wiese, ganz in der Nähe der heutigen Elbphilharmonie, verlor der berühmt-berüchtigte Seeräuber Klaus Störtebeker seinen Kopf. Die goldene Krone an der Turmspitze der benachbarten Katharinenkirche stammt angeblich aus seinem Piratenschatz. Aus der folgenden Geschichte erfahren wir, dass Klaus Störtebeker und sein Freund Gödeke Michel als noch junge Seewölfchen tatsächlich etwas mit der Sache zu tun hatten. Allerdings auf andere Art und Weise, als die Leute gemeinhin glauben …

»Mir ist soo langweilig, Michel!«, seufzte Störte. Das Seewölfchen lehnte an der Reling des Piratenschiffes Sturmteufel und sah hinaus auf die windstille Nordsee. Weit draußen auf dem Meer drehten ein paar Meerjungfrauen ihre Runden.

»Mir auch«, gähnte Michel und kratzte sich den grauen Pelz. »Wir könnten ein paar meiner Blumen umpflanzen«, schlug er vor. Michel liebte Blumen und hatte rund um das Schiff Kästen angebracht, aus denen sie ihre bunten Köpfe der Sonne entgegenstreckten.

»Och nö ...«, erwiderte Störte. Im Gegensatz zu seinem Freund Michel fühlte er sich am wohlsten, wenn es ordentlich rumste. »Lass uns lieber mit diesen neuartigen Schwarzpulver-Kugeln werfen!«, rief er. »Die krachen so schön laut und qualmen dabei richtig toll!«

Wie sonst meistens auch gab Michel nach. So schleuderten die Seewölfchen zum Zeitvertreib brennende Knall-Kugeln ins Meer. Störte freute sich jedes Mal mächtig über das laute Ka-wumm!

Doch nach einer Weile tauchte die Meerjungfrau Syrine neben dem Schiff auf. Ihr blonder Zopf war so lang, dass er bis zum Meeresboden herabhing und dort wie eine goldglänzende Kette auf dem Sand lag.

»Hört bitte mit der Knallerei auf!«, bat Syrine. »Unter Wasser ist das Getöse so laut, dass meine Schwestern und ich davon Ohrenschmerzen bekommen. Wenn euch langweilig ist, fahrt doch nach Hamburg. Dort ist immer was los!«

»Das ist eine super Idee!«, jubelten die Seewölfchen und machten sich sofort auf den Weg.

Im Hamburger Hafen fand die Sturmteufel kaum Platz, so dicht drängten sich die Segelschiffe am Kai aneinander.

»Sieh mal dort, Michel!« Störte zeigte auf eine Kirche, die nahe am Hafenbecken stand. Um ihre Turmspitze wand sich ein langes, schmales Ding, das im Sonnenschein glänzte und funkelte.

»Täusche ich mich oder ist das eine Kette aus purem Gold?«, fragte Michel und rieb sich verwundert die Augen.

»Genau so ist es«, bestätigte ein Herr, der vor der Sturmteufel stehen geblieben war. »Ich, Bürgermeister Pfennigfuchs, habe diese goldene Kette am Turm der Katharinenkirche anbringen lassen. Damit alle Besucher gleich sehen, wie reich unsere Stadt ist.«

Michel musterte die Kette, die ungefähr so lang war wie der Zopf der Meerjungfrau Syrine.

»Und jetzt bekomme ich für euer Schiff zwanzig Dukaten Hafengebühr«, erklärte der Bürgermeister.

»So viel!«, rief Michel erschrocken.

»Kein Wunder, dass diese Stadt so reich ist, wenn für jedes Schiff eine derart ausverschämt hohe Gebühr verlangt wird!«, schimpfte Störte.

Der Bürgermeister grinste nur und zeigte auf Michels Blumenkästen. »Und dazu kommen noch mal zehn Dukaten für die Blumen. Die kosten nämlich extra.«

»Was? Warum das denn? Das hast du dir doch bestimmt gerade erst ausgedacht!«, empörte sich Störte. Aber der Bürgermeister antwortete nicht einmal, sondern streckte bloß auffordernd die Hand aus.

Während Michel das Geld zusammensuchte, wurde Störte immer wütender. Um etwas Dampf abzulassen, griff er sich eine der Knall-Kugeln, zündete die Lunte an und pfefferte das brennende Geschoss mit Wucht über die Bordwand. Im Fluss hätte es keinen Schaden angerichtet – aber leider stolperte das Seewölfchen beim Werfen unglücklich über ein Tau. Daher flog die explosive Kugel nun nicht ins Wasser, sondern in hohem Bogen direkt auf die Katharinenkirche zu.

Mit einem lauten Krachen fetzte sie einen Teil des Kirchturms weg, wobei die goldene Kette ihren Halt verlor. Wie eine riesengroße Schlange rutsche die Kette um den Turm herum nach unten, dann über das Kirchendach und schließlich auf den Hafenkai, wo sie direkt neben der Sturmteufel ins Wasser prasselte.

Während Bürgermeister Pfennigfuchs noch verdutzt seiner schönen Kette nachsah, löste Michel schnell das Tau. »Nichts wie weg!«, rief er seinem Freund Störte zu.

Der reagierte sofort, drückte das Schiff mit einem Bootshaken von der Hafenmauer weg und angelte noch rasch nach der Goldkette. Doch weil sie so schwer war, schafften Störte und Michel es nicht, sie an Bord zu hieven. Deshalb zog die Sturmteufel das schimmernde Prunkstück einfach hinter sich her, während sie eiligst von Hamburg wegsegelte. Kaum in der Nordsee angekommen, rutschte die Kette aber leider vom Haken und verschwand in der Tiefe.

Die Hamburger wählten schon bald einen etwas bescheideneren Bürgermeister. Der ließ für die Katharinenkirche einen neuen Turm bauen, wieder mit einer goldenen Verzierung – dieses Mal allerdings einer deutlich kleineren.

In der Nordsee aber kann man noch heute – an den wenigen windstillen Tagen im Jahr, wenn das Meer ganz glatt daliegt – die goldene Kette in der Tiefe glitzern sehen. Diejenigen Seeleute, denen dieses Glück widerfährt, glauben dann fest daran, sie seien der Meerjungfrau Syrine begegnet. Ihr und ihrem sagenhaften, goldglänzenden Zopf.

Der Spatzenchor vom Rathausplatz

von Andrea Schomburg
mit Bildern von Miriam Elze

Es lebte auf dem Rathausplatz
Korbinian, der dicke Spatz.
Ging manchmal an das Fleet zum Baden,
flog – flitterflatz – durch die Arkaden,
saß frech auf den Caféterrassen –
zack – zwischen allen Kaffeetassen,
er pickte hier und pickte dort,
und – schwirr – schon war er wieder fort.
Er hatte nämlich viel zu tun
und keine Zeit, sich auszuruhn:
Er sang seit Jahren als Tenor
in Hamburgs Spitzen-Spatzenchor.
Der Chor, der war im Spatzenland
als »Hansespatzen« wohlbekannt.
Sie sangen herrlich, wie im Traum,
am Rathausplatz in einem Baum.

Tagein, tagaus, jahraus, jahrein,
bei Regen und bei Sonnenschein,
ob's schneite, ob der Himmel blaute –
bis – ja, bis man die Elphi baute.

Da war es, dass der Spatzenchor
den Spaß an seinem Baum verlor.
»Der Baum ist schön und grün und licht.
Doch wie die Elphi ist er nicht.
Ach, *einmal* in der Elphi singen!
Das würde doch viel besser klingen!
Da singen, ja, das wär's doch mal!
Im Kleinen oder Großen Saal!«

Bloß wie? Denn eines ist wohl klar:
Die Spatzen singen wunderbar.
Doch in der Elbphilharmonie,
ach nein, da singen sie wohl nie.
Denn dorthin lädt man, wie gemein,
ja keine Spatzenchöre ein.
Dabei – es wäre doch so toll!
Und spitzen-spatzen-wundervoll!
Sie überlegen hin und her.
Vielleicht ist es ja gar nicht schwer!
Sie tschilpen, zwitschern und besprechen,
bis fast die Spatzenhirne brechen.

Und schließlich kommt Korbinian drauf:
»Da ist doch mal ein Fenster auf.
Wir fliegen einfach heimlich rein
und singen mit. Das wär doch fein.«

Sehr bald schon steht auf dem Programm
ein Shanty-Chor aus Amsterdam.
Sie singen, und das ist genial,
genau im Großen Elphi-Saal.
Die Spatzen, heimlich wie Gespenster,
die flitter-flattern durch das Fenster.
Husch-wusch, leicht wie ein Sommerwind.
Und als der Chorgesang beginnt,
da singen alle Spatzen mit.
Ja, dies Konzert wird echt der Hit!
Denn jedermann im Saale schwört:
»So was hab ich noch nie gehört!«
So viel Applaus gab es noch nie,
dort in der Elbphilharmonie.

Man trampelt, jubelt, applaudiert,
steht auf, klatscht weiter, jubiliert,
man klatscht, bis alle Hände wund.
»Zugabe!«, klingt's aus jedem Mund,
bis fast die ganze Elphi bebt.
Das hat man hier noch nie erlebt.

58

Erst spät gehn alle Lichter aus.
Die Spatzen flattern heimlich raus.
Bis hin zu ihrem Spatzenbaum.
»Das war ja wirklich wie im Traum!
Das hat es ja total gebracht!
Das war ja einfach eine Pracht!
Das ging ja praktisch wie geschmiert!
Wie hat man für uns applaudiert!
Ich hab das Klatschen noch im Ohr!
Wir sind halt doch der Spitzenchor!
Das Publikum liebt unsre Lieder!
Das machen wir jetzt immer wieder!«

Und sitzt du mal am Rathausplatz
und siehst du, wie ein frecher Spatz
sich deine Kuchenkrümel klaut,
und hörst du, wie er tschilpt, ganz laut,
dann denk: »Der sang bestimmt schon mal
vor Publikum im Elphi-Saal!«

Watt los im Watt

von Kristina Kreuzer

mit Bildern von Louise Heymans

Ring! Ring! Das Telefon von Hein Knickfeder klingelt, aber er geht nicht ran. Irgendwann flattert schließlich seine Frau Hilda Knickfeder ins Zimmer.

»Moin moin, Hilda hier vom Haus am Watt. Mit wem bitte spreche ich?« Hilda kratzt sich mit dem linken Flügel am Schnabel, sie lauscht konzentriert. »Alles klar, ich wecke Hein sofort.« Sie legt auf und pikt ihren Mann mit dem Flügel in die Seite. »Aufwachen, du faules Federvieh! Du sollst dort drüben ins Watt kommen.«

»Watt ist los? Zum Watt?« Knickfeders ergrauter Möwenkopf schnellt von links nach rechts und zurück, dass ihm auf der Stelle duselig wird. Er stolpert aus seiner Holzkiste im Schilf, auch genannt das ›Haus am Watt‹, setzt sich seine blaue Kapitäns- mütze auf und flattert los.

Schon von Weitem sieht Hein Knickfeder, wo er hinmuss. Es ist nämlich der einzige Ort, wo heute im Watt überhaupt was los ist. Dafür herrscht hier ein ziemliches Durcheinander. Knickfeder sieht sehr viel bunten Müll, der über den Sand verstreut ist: Fischernetze, Joghurtbecher und anderes eklig aussehendes Zeugs. Neben diesem Müllhaufen steht eine aufgeregte Strandläufer-Großfamilie. Die vielen kleinen Wattvögel sehen aus wie Kartoffeln auf Streichholzbeinen. Schrill fiepend rennen sie durcheinander und hinterlassen dabei feine Fußabdrücke kreuz und quer im braunen Sand.

Elegant lässt Knickfeder sich im Sturzflug vom Himmel fallen. »Watt gibt's?«, fragt er die Strandläufer.

Einer der Größeren antwortet: »Moin moin, ich bin Gunter, der Papa der ganzen Horde. Ich war's, der dich angerufen hat. Weil du doch immer Rat weißt.«

Knickfeder nickt. »Ich geb mein Bestes. Aber wo brennt's denn nu?«

»Wir alle haben den Schnabel gestrichen voll!«, schimpft Gunter. »Gestern schon hat unser Piet sich an einem Joghurtdeckel verschluckt. Der kleine Dussel dachte, die Himbeere auf dem Deckel könne er essen. Grün im Gesicht wurde er zu Doktor Fischreiher in die Watt-Ambulanz gebracht. Magen leeren, gesunde Schlickgrütze essen – langsam kennen wir das schon. Immer wieder landet hier der Dreck! Und die Lütten fressen das eben. Watt ist nur los mit unserem schönen Watt?«

Hein Knickfeder sieht sich seufzend um. »Ja, unappetitlich, dieser Müll. Und gefährlich noch dazu! Der Dreck muss weg, das ist sonnenklar. Ich denke gerade an die junge Schweinswalfamilie oder die Seehundbabys, die sollten das auch nicht ins Maul kriegen.« Angeekelt fischt er mit der Flügelspitze eine Plastikflasche aus dem Müllhaufen.

Die Strandläufer schütteln traurig die Köpfe. »Der Dreck muss weg, aber wie und wohin?«

Für einen Moment hört man keinen Mucks im Watt. In der Ferne plätschert das Wasser vom offenen Meer und der Wind pfeift leise über den glatten Sandboden. Doch auf einmal ist da noch ein Geräusch.

»Hört ihr das?«, flüstert Knickfeder. Er hält den Kopf schief und lauscht. »Da ist wer in Not!«

Die Strandläufer drehen blitzschnell die Köpfchen. Einer von ihnen ruft: »Dort drüben!« Tatsächlich liegt im Watt etwas großes Graues und zappelt verzweifelt.

»Wenn man vom Teufel spricht …«, murmelt Hein. »Ein Seehundbaby!« Vorsichtig hüpft Knickfeder zu dem Tier und streicht ihm über das glitschig glatte graue Fell. »Was fehlt dir denn, Kleines?«, krächzt er.

Der Seehund antwortet nicht. Er quiekt nur und schlägt hilflos mit den Flossen.

»Donnerlottchen!«, ruft Knickfeder. »Das arme Ding hat sich mit den Zähnen in was verheddert …« Er zupft mit dem Schnabel an einem Stück Netz, das dem Seehund aus der Schnauze hängt. Auch die Strandläufer ziehen und picken. Doch sie können die kleine Robbe nicht befreien und das Tier quiekt nur noch lauter.

»Wir brauchen Hilfe, das schaffen wir nicht allein«, krächzt Knickfeder schließlich. Die Strandläufer trippeln aufgeregt um ihn herum. Auf einmal taucht über ihnen ein großer, unheimlicher Schatten auf und eine Stimme sagt: »Opa, guck doch, ein kleiner Seehund! Ist der niedlich, können wir den mit nach Hause nehmen?«

Riesengroß wie Leuchttürme ragen über den Wattvögeln zwei Menschen auf. Erschrocken flattern sie zur Seite.

»Das arme Ding«, sagt der Größere der beiden. »Wir müssen ihm das Netz aus den Zähnen herausholen. Aber Vorsicht, Stine! Dabei dürfen wir den kleinen Seehund nicht anfassen, damit seine Mama ihn später auch wieder annimmt.«

Vorsichtig schleicht Stine sich von der Seite an den Seehund heran. Mit einem schnellen Ruck zieht sie ihm das zerfledderte Netz aus der Schnauze. Geschafft! Der Seehund jault kurz auf, aber dann bemerkt er, dass er befreit ist. Vergnügt robbt er los, in immer größeren Kreisen um das Mädchen herum, bis er sich quiekend auf den Rücken fallen lässt.

»Guck, wie er sich freut! Ich glaube, er lacht«, sagt der Opa. »Du bist ja ein richtiger Tierretter.« Er zeigt auf den Wattboden. »Aber schau dir nur diesen ganzen elenden Müll hier an.«

»Wie kommt der hierher?«, fragt Stine.

Ihr Opa seufzt. »Wenn die Flut kommt, bringt das Wasser den ganzen Müll vom Meer draußen und von den verschmutzten Flüssen zu uns an den Strand. Aber weißt du was, Stine? Wir holen jetzt Mülltüten und sammeln das Zeugs ein!«

Knickfeder sitzt auf einem hohen Holzpfahl und guckt übers Watt, neben ihm hockt Gunter. In der Ferne sehen sie den kleinen Seehund mit seiner Mutter im Wasser toben.

»Diese Menschen«, krächzt Knickfeder kopfschüttelnd. »Ich versteh sie einfach nicht. Aber manchmal sind sie besser, als man denkt.«

Gunter kratzt sich nachdenklich mit dem Flügel. »Wer ist denn nun schuld an dem ganzen Müll? Du musst das doch wissen, du lebst doch seit Ewigkeiten im Watt!«

»Genau«, fiept die Strandläuferschar unter ihnen. »Wer ist schuld? Wer muss ins Gefängnis? Wer kriegt eine Strafe?«

»Wenn das immer so einfach wäre …«, murmelt die erfahrene Möwe. »Wenn wir nur einen Täter hätten, wäre der längst hinter Gittern. Aber die Zweibeiner machen überall auf der Welt zu viel Müll und das ist nicht mal verboten. Dabei tut so neumodischer Kram wie Plastikteller, Joghurtbecher und Dosen ja nun wirklich nicht not.«

»Tschüss, ihr Vögelchen!«, ruft da eine fröhliche Kinderstimme von unten. »Euer Watt ist wieder sauber. Morgen kommen wir wieder!« Opa und Enkelin gehen mit den prall gefüllten Mülltüten davon.

»Ich wünschte, das Aufsammeln wäre die Lösung«, krächzt Knickfeder und betrachtet das in der Abendsonne glitzernde Watt. »Aber ein Anfang ist es immerhin.«

Dann fliegt er mit eleganten Schwüngen nach Hause.

Paula und das schwimmende Haus

von Marie-Thérèse Schins
mit Bildern von Volker Fredrich

Irgendwo im Norden fließt ein langer, breiter Fluss bis ins weite Meer hinaus: die Elbe. Heute ist das Wasser leise. Auch am Ufer ist noch alles still. Die Kirchturmuhr im Dorf schlägt fünf Mal.

Aber dann ist es mit der Ruhe vorbei. Ein Mädchen mit knallroten Ringellocken rennt barfuß und im Nachthemd den Deich hoch. Ein zotteliger Hund saust hinterher. Er bellt fröhlich. Es sind Paula und Kalle.

»JUCHU ... FERIEN!« Paula streckt die Arme aus und dreht sich wie ein Brummkreisel, bis ihr schwindlig wird. Dann lässt sie sich ins kühle, feuchte Morgengras plumpsen. Kalle legt sich hechelnd zu ihr. Der Himmel über ihnen ist zartblau. Die Sonne schickt erste Strahlen nach unten auf Paula und Kalle im duftenden Gras.

Plötzlich macht es RUMS! Und einige Sekunden später: KLOING! KLOING!

Was war denn das? Das Geräusch kommt vom Fluss, von der Elbe. Paula springt auf, zusammen mit Kalle. Als sie ganz oben auf dem Deich stehen, sieht Paula ein Haus. Ein Haus auf einem Schiff! Das Hausschiff hat einen Namen. Langsam buchstabiert Paula: M A R G A R E T A. Ein dünner Junge in kurzen Jeans und T-Shirt steht auf dem großen Boot. Seine zerzausten Haare sehen aus wie ein Strohdach. Neben ihm steht ein langer Mann, auch mit einem Strohdach auf dem Kopf.

»HAAAALLLOOO!«, rufen alle gleichzeitig.

»Leider habe ich unser Hausboot zu dicht ans Ufer gesteuert«, ruft der Mann. »Jetzt hängen wir im Schlick fest!«

»Das Wasser kommt aber wieder!«, ruft Paula. Das hat sie nicht nur in der Schule gelernt. Sie sieht es seit drei Wochen jeden Tag selber. Denn vor drei Wochen ist sie mit Mama an die Elbe gezogen. Da fällt ihr etwas ganz Tolles ein: Sie wird die beiden mit den Strohdachhaaren zum Frühstück einladen, solange ihr Boot im Schlick festhängt. Genau! Das wird eine tolle Überraschung für Mama. Der erste Besuch am ersten Tag in den Sommerferien – Mama ist bestimmt genauso begeistert wie sie.

»Wir haben noch selbst gebackenen Kuchen von gestern«, ruft Paula laut. Vor Aufregung springt sie auf und ab, was Kalle sofort nachmacht. »Kaffee kann ich auch kochen und unsere Hühner Klärchen, Julchen und Martha haben heute bestimmt schon Eier gelegt und wir können frühstücken und Mama schläft vielleicht noch ein bisschen. Macht aber nichts!« Dann wird sie Mama eben wecken, ganz einfach. Was für ein supertoller Anfang für die Sommerferien: Besuch, Sonne, ein echtes schwimmendes Haus ... Paula möchte zu gerne wissen, wie es da drinnen aussieht.

»Darf ich gucken?«, will sie wissen.

»Was gucken?«, fragt der lange Mann.

»Na ja, ich war noch nie in einem schwimmenden Haus.«

»Das ist Anton, mein Sohn«, sagt der lange Mann. »Anton, zeig doch mal ...«

»Paula heiße ich! Und mein Hund heißt Kalle. Darf der auch gucken?« Doch dann zuckt Paula zusammen, als Anton ein schmales, langes Brett vom Boot aus auf das Ufer wirft. »Soll ich da etwa rüber?«

Anton streckt ihr die Zunge raus. »Kannst es auch mit Fliegen versuchen.«

Das hat Paula nicht erwartet. Das Wasser ist zwar nicht tief, wegen der Ebbe. Aber trotzdem ... Paula bekommt Muffensausen, und zwar richtig.

»Schön. Ich sehe jetzt zuerst mal nach, ob ich das Ruder reparieren muss«, sagt Antons Papa. »Anton holt dich rüber. Und anschließend kommen wir gerne mit dir. Wie es aussieht, liegen wir hier sowieso noch eine Weile auf Grund.«

Anton zieht eine Flappe. Er ist schließlich schon elf und diese Paula da höchstens sechs oder so. Kindergarten, wetten?

»Ich kann nicht so gut schwimmen«, gesteht Paula da mit piepsiger Stimme. Anton seufzt tief, aber sein Vater meint: »Na los, Matrose. Bring Paula eine Schwimmweste.« Damit öffnet er eine Luke und verschwindet irgendwo nach unten.

»Ich glaube, ich bleibe doch lieber hier.« Paulas Stimme ist noch piepsiger geworden.

»Nee«, sagt Anton, »das gilt nicht. Du wolltest gucken und fertig.« Mit der Schwimmweste unter dem Arm hüpft er einfach so über das wackelige Brett ans Ufer, wo Paula mit zitternden Knien steht.

»Du musst gucken, wo du die Füße hinsetzt.« Anton grinst. »Dann fällst du vielleicht nicht in die Elbe.«

Der hat gut reden, der macht das bestimmt seit seiner Geburt. Blödmann! Paula dagegen hatte schon immer ein Problem mit Höhen. Und schwimmen kann sie auch noch nicht.

Anton sieht, dass Paula wirklich Angst hat. »Okay, komm her Paula, halte dich an meiner Hand fest.«

Paula ist furchtbar aufgeregt. Aber sie gibt sich große Mühe, an Antons Hand langsam und ruhig über die wippende, schmale Laufplanke zu gehen. Nur nicht stolpern oder gar danebentreten! Hund Kalle trippelt hinterher. Dann springen sie zusammen auf das sonnenwarme Deck. Geschafft!

»War ich gut?«, fragt Paula.

»Geht so. Die Schwimmweste lass mal lieber an.«

Der ist viel älter als sie und redet trotzdem mit ihr. Paula ist richtig stolz auf sich und schickt die Angst weg. Ganz weit weg. Auf die andere Seite der Elbe.

»Vorsicht, die Treppe geht steil nach unten.« Anton zeigt Paula das große Schiff, in dem früher Kieselsteine hin und her gefahren wurden. »Hat mein Vater alles selber umgebaut.«

Sie stehen in der gemütlichen Küche. Anton zeigt ihr eine Dusche, das WC, ein großes Wohnzimmer, zwei Schlafzimmer. Mit offenem Mund geht Paula mit Anton durch den riesigen Schiffsbauch.

»Hinten, unter dem Steuerhaus, da hat mein Vater sein Büro.«

»Wohnt ihr immer hier?«

»Mein Vater wollte weg aus dem Hochhaus mitten in Hamburg, hat dieses alte Schiff gekauft und repariert.«

Paula nickt. »Meine Mama wollte auch weg aus der Stadt und jetzt wohnen wir hier und haben gaaaaanz viel Platz und einen Garten! Zeige ich dir nachher.«

Anton macht es inzwischen doch Spaß, Paula alles zu zeigen, das hätte er nicht erwartet. Eigentlich war er ziemlich sauer auf Papa, weil der nicht aufgepasst hat und sie deshalb hier im Schlick feststecken. Sonst wären sie schon längst unterwegs in die Ferien, Richtung Nordsee.

Eine Tür öffnet sich neben der Dusche. Antons Vater hat schwarze Streifen im Gesicht und auf dem T-Shirt und auch seine Finger sind ganz schwarz. »So, den Rest mache ich nachher, jetzt habe ich Bärenhunger!«

Dieses Mal geht Paula ganz allein über das Wackelbrett. Mit ausgebreiteten Armen wie eine Seiltänzerin.

Dann rast sie mit dem bellenden Kalle den Deich rauf und drüben wieder runter, knallt die Gartenpforte gegen den Zaun und schreit: »Mama, aufstehen! Da ist ein Hausboot, das Margarete heißt, und das kann nicht mehr fahren und da wohnen Anton und sein Vater drin und früher waren da Kieselsteine im Bauch vom Schiff und ein Büro und ein Klo gibt es auch und ich bin ganz allein über das schmale Brett gegangen und nicht in die Elbe gefallen und vielleicht dürfen wir mal mitfahren und jetzt mache ich Frühstück!«

Mama rührt sich nicht.

Paula holt tief Luft und schreit noch einmal: »M a a a a m a a a a, aufstehen! Ferien, Gäste, Frühstück!«

Endlich tauchen Mamas strubbelige Haare im Dachfenster auf. Mit verschlafener Stimme fragt sie: »Warum hast du eine Schwimmweste an, Paula?«

Oh Mann, diese Mama. Wenn sie Paula nicht hätte, dann würde sie auch noch den allerbesten, alleraufregendsten, allerschönsten und allerersten Ferientag verpassen!

Frühstück bei Helgoland

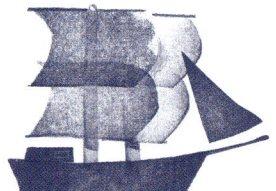

von Leuw von Katzenstein
mit Bildern von Kerstin Meyer

Kurz hinter den Färöerinseln, wo im Winter wild schäumende Brecher übereinander-stürzen und auch im Sommer oft kalte Stürme die See aufwühlen, saß an einem ruhigen Abend Charles, der böse Riesenkrake, auf einer Sandbank und dachte über sein Leben nach. Man hätte glauben können, eine neue Insel sei dort aus den Fluten gestiegen, denn Charles' grauer Kopf glich einem kahlen Felsen, auf dem eine ganze Schafherde Platz gehabt hätte. Aus der Nähe aber würde man gleich bemerkt haben, dass da kein Gras-hälmchen wuchs, und hätte auch die beiden riesigen meergrünen Augen entdeckt, mit denen Charles ziemlich missmutig über die Weiten des Ozeans blickte. Weit und breit kein Schiff, das er hätte fressen können. Schlechter Tag für Riesenkraken.

»Ist hier noch ein Plätzchen frei?«, hörte er da eine gurgelnde Stimme.

Wer wagte es, ihn, das schreckliche Ungeheuer, einfach anzuquatschen?

Ein Kopf – wenn es überhaupt ein Kopf war – tauchte aus dem Wasser auf, über und über mit scheußlichen Stacheln bewehrt. Was für ein grottenhässliches Wesen!, dachte Charles. Stacheln, winzige Äuglein und darunter eine schwarze Öffnung, aus der die gurgelnde Stimme erklang.

»Schöner Tag heute, was?«, sagte das Wesen.

»Find ich nicht!«, sagte Charles. »Totale Flaute hier.«

Über den blauen Himmel segelte ein Albatros. Charles ließ einen seiner kilometerlangen Greifarme nach oben schnellen, um ihn zu fangen. Aber der Albatros war schneller.

»Hassu Hunger?«, fragte das Wesen.

»Geht dich 'n Dreck an!«, brummte Charles. »Wer bist 'n du überhaupt?«

»Oh ... Darf ich mich vorstellen: Ich bin der Tyrannogurkus Rex, die Killerseegurke, das gefährlichste aller Meeresungeheuer!«

Charles erlitt einen Lachanfall. Er prustete so heftig los, dass sich vor seinem Krakenschnabel eine riesige Welle auftürmte, die über die ganze Nordsee fegte und als Sturmflut noch in Hamburg ankam. »Du missratene Haarbürste! Das gefährlichste Meeresungeheuer bin immer noch ich: Charles, der Riesenkrake. Da, guck dir mal meinen Schnabel an, damit kann ich ganze Schiffe verschlingen, mit Mann und Maus! In dein Maul kriegst du doch nicht mal ein Rettungsboot rein.«

»Das brauche ich auch gar nicht. Ich schlage mit meinem Wahnsinns-Hammer-Stachelkopf die Beute kurz und klein, bis nichts mehr übrig bleibt, was größer wäre als ein Streichholz. Und das schlürfe ich dann ein. Mit Genuss!«

»Mit Genuss?«, fragte Charles skeptisch.

»Ja, früher jedenfalls. Als die Schiffe noch aus Holz waren. Heute sind die Mistdinger fast alle aus Eisen.«

»Allerdings«, stimmte Charles mit Trauermiene zu. »Mir schmeckt das Zeug auch nicht mehr. Hast du mal so einen modernen Frachtcontainer probiert? Man denkt, außen hart, aber innen bestimmt weich und lecker, und dann ist eine Ladung chinesischer Badelatschen drin! Pfui Teufel!«

Beide seufzten ein bisschen und betrachteten den Vollmond, der sich im Osten aus den Fluten erhob.

»Da schwimmt was«, bemerkte das Stachelungeheuer. »Was Kleines, gleich hier vor uns.«

»Ach, das ist nur eine alberne Flasche.« Charles angelte sie mit einem seiner Greifarme zu sich heran und hielt sie gegen das Mondlicht. »Nix drin!«, stellte er fest.

»Doch!«, entgegnete der Tyrannogurkus. »Ein Zettel. Vielleicht steht was drauf. Vielleicht ist es 'ne Flaschenpost.«

»An mich?«, sagte Charly skeptisch. »Glaub ich nicht. Wer soll mir denn schon schreiben?!« Er führte die Flasche vorsichtig an den Mund, lutschte mit einem ›Plopp‹ den Korken heraus und angelte sich den Zettel.

»Lies vor!«, drängte der Gurkus und Charles las:

HILFE!
ICH BIN GEFANGEN AUF DEM GRUND DES MEERES
IM KERKER DES SCHLOSSES VON KÖNIG SCHLICKO
MEINE POSITION IST 54° 11' N , 7° 53' O
HILFE!
CORALIA,
SEEJUNGFRAU

»Sollen wir die retten?«, überlegte der Gurkus.

»Ich bin ein Seeungeheuer, mit so was verderbe ich mir meinen guten Ruf!«, knarzte Charles. »Aber vielleicht gibt's dort ein Abendessen?«

»Weißt du denn, wo das ist?«

Charly sah den Gurkus mitleidig an. »Na klar, ich hab genug Seekarten gefressen in meinem Krakenleben – und zwar ohne sie vorher kurz und klein zu häckseln! Die Menschen nennen es Helgoland.«

Charly hatte diese Insel in angenehmer Erinnerung. Sie lag hinter der Mündung eines großen Flusses, auf dem reichlich artgerechte Nahrung für Seeungeheuer heruntergeschwommen kam. Üppig beladene Frachtschiffe, leckere kleine Segelboote und Fischkutter, die am besten schmeckten, wenn sie auf dem Rückweg in ihre Häfen waren. Ein gutes Mahl sollte dort also allemal drin sein.

Sie nahmen Kurs Südost. Auf halbem Weg trafen sie einen Heringsschwarm und erkundigten sich nach den Umständen am Hofe von König Schlicko. Der hatte, wie die schwatzhaften Fischlein aufgeregt berichteten, vor Kurzem eine kleine Meerjungfrau gefangen genommen, die sich in seine Gegend verirrt hatte. Er wollte sie heiraten, aber weil sie widerstrebte, hatte er sie in seinen Kerker gesperrt. Sauerei! Sogar Charly, der sonst nicht so zartfühlend war, empörte sich.

»Die holen wir da raus!«, knurrte er.

Doch schon bald zeigte sich, dass die Sache nicht so einfach über die Meeresbühne gehen würde. Denn die heimtückischen Heringe hatten König Schlicko in Windeseile geflüstert, was da auf ihn zukam. Und der schickte nun seine Truppen in den Kampf gegen die beiden Ungeheuer. Erst stürzten sich fünfzehn Vulkanhaie, schwarz wie Asche, mit blitzenden Zähnen auf Charly. Der aber schnappte sich einen nach dem anderen und schob ihn in seinen fürchterlichen Rachen.

Sodann erhob sich ein Heer von Reißzahnkorallen vor den tapferen Ungeheuern und versperrte den Weg. Ein Fall für den Tyrannogurkus! Er hob sein Haupt hoch über die Wellen und ließ es auf das Korallenriff niedersausen, mehrfach, gründlich und unerbittlich. Das Riff zerbröselte – bis heute gibt es keine einzige Koralle mehr in der Nordsee!

Schon glänzte das rote Felsmassiv von Helgoland im Mondlicht. Schlickos Palast lag tief unter der Meeresoberfläche. Er hatte sich dort verschanzt, geschützt von Feueraalen, die elektrische Blitze aussendeten, von grausamen Riesenhummern und von Meuchelmördermiesmuscheln, die sogar den Fangarm eines Riesenkraken durchbeißen konnten. Saugefährlich war das. Was war zu tun?

»Wir lassen Schlickos Truppen am Meeresgrund warten und arbeiten uns von oben durch den Felsen durch!«, schlug der Tyrannogurkus vor. Ohne eine Antwort abzuwarten, stieß er aus der Tiefe seiner Seegurkenlunge ein schreckliches Pfeifgeheul hervor, umrundete die Insel dreimal in steigendem Tempo und schmetterte schließlich seinen Eisenschädel mit aller Wucht auf den Nordwestzipfel des Felsmassivs.

Wumm – bumm – krach – brösel – knirsch.

Da war's passiert. Der Fels war in Kies und Gesteinssplitter zerlegt, nur ganz am Ende ragte noch eine rote Säule in die Luft wie der letzte verbliebene Zahn im Kiefer einer alten Indianerin.

»Das bringt doch nix«, brummte Charly. »Guck mal, wie das jetzt aussieht!«

Nun hatte aber der Hieb immerhin eine gewaltige Kieslawine ausgelöst – und Schlickos Truppen suchten dem Steinschlag in wilder Panik zu entkommen. Die Mördermuscheln klappten ihre Schalen zu, die Hummer flohen und die flinken Aale schossen verzweifelt mit ihren Blitzen um sich. Aber die kitzelten Charly und Gurky nur ein bisschen.

Als sich in der ersten Morgendämmerung Gurkys Stachelkopf wie eine Abrissbirne in den Innenhof des Palastes senkte, suchte auch König Schlicko, auf seinem letzten verbliebenen Kampfhummer reitend, schnell das Weite.

Charly schob seine vierzehn Greifarme in die Fensteröffnungen und untersuchte den Palast. Er fand den Kerker der kleinen Seejungfrau, zertrümmerte das Türgitter und angelte sie heraus. Sie schlotterte vor Angst.

»Brauchst dich nicht zu fürchten!«, sagte der Gurkus. »Wir sind die Guten.«

»Ihr seht aber gar nicht so aus …«, jammerte Coralia.

»Wo dürfen wir dich denn hinbringen?«, fragte Gurky höflich.

»Irgendwohin, wo ich sicher bin, bitte!«, antwortete sie mit tränenerstickter Stimme.

»Da hab ich eine prima Idee!«, meinte Charly. Er umschlang die Kleine und machte sich auf den Weg. Erst nach Norden, dann nach Osten und dann ein bisschen nach Südosten. Bald langten sie an, vor einem Stein, unter den Festungsmauern einer großen Stadt.

»Hier kannst du dich draufsetzen!«, sagte Charly. »Die Stadt heißt Kopenhagen und die Leute hier nennen sich Dänen. Sie werden dich mögen.«

»Und wenn dich keiner klaut, hast du hier 'ne echt gute Zeit!«, ergänzte Gurky. »Tschüss, Coralia!«

»Tschüss, ihr schrecklichen Seeungeheuer! Was macht ihr denn jetzt?«

»Ooch …«, meinte Charly, »wir schwimmen wieder nach Helgoland und gehen dort erst mal richtig frühstücken. Das haben wir uns verdient!«

Eine ganz besondere Flaschenpost
von Jutta Nymphius
mit Bildern von Nele Palmtag

»Blödes Meer!«, schreit Jette und tritt mit dem Fuß nach einer Welle. Aber die kümmert sich gar nicht darum, sondern fließt einfach weiter hinauf zum Strand. Nur ein dicker Klumpen Matsch fliegt in hohem Bogen durch die Luft und landet mit einem lauten Platschen wieder im Wasser.

Doch das kann Jettes Wut längst nicht besänftigen. Wahllos hebt sie Stöcke und Steine auf und schleudert sie so weit hinaus, wie sie kann. Allmählich reicht es dem Meer. Das eben noch so friedliche Wasser beginnt zu brausen und zu tosen. Der Wind nimmt zu und wird zu einer steifen Brise, die an Jettes Haaren zerrt. Mit geballten Fäusten stemmt sie sich gegen den aufkommenden Sturm und brüllt dem Meer zu: »Ich hasse dich!«

Jette liebt das Meer, eigentlich. Schon immer hat sie auf dieser kleinen Insel, einer Hallig, gewohnt, zusammen mit Mama, Papa, Oma und Freddie, Omas gutmütigem Mischlingshund. Krabbeln und Laufen habe sie im Sand gelernt, behauptet Oma immer lachend.

Kein Wunder, denn am Strand ist sie am liebsten. Und am allerliebsten sucht sie gemeinsam mit Freddie nach besonderen Schätzen, die dort angespült werden. Von Muscheln, Schneckenhäusern oder Krebspanzern hat sie schon eine ganze Sammlung. Ganz besonders stolz aber ist sie auf ihre Katzenhai-Eier: Das sind braune,

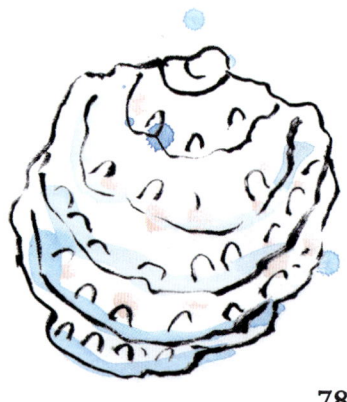

rechteckige Beutel mit vier Zipfeln, in denen sich im Meer die kleinen Katzenhaie entwickeln. Sobald sie groß genug sind, schlüpfen sie und schwimmen davon. Einige der leeren Eihüllen werden dann an den Strand gespült. Wenn Jette eine findet, weiß sie, dass jetzt wieder ein neuer kleiner Hai im Meer herumschwimmt. Dann fühlt sie sich so glücklich, als habe sie einen neuen Freund gewonnen.

Aber jetzt fühlt sie sich gerade überhaupt nicht glücklich. Eben haben ihr Mama und Papa gesagt, dass sie bald umziehen müssen – nach Newcastle in England! Dabei will sie überhaupt nicht weg von hier!

Oma hat dabeigestanden und ihr übers Haar gestrichen. »England ist genau gegenüber«, hat sie Jette erklärt. »Und es ist dasselbe Meer. Es trennt uns nicht, sondern verbindet uns miteinander!«

Aber Jette glaubt das nicht. Es kann nicht dasselbe Meer sein. England ist viel zu weit weg!

In diesem Moment beginnt Freddie laut zu bellen. Bestimmt hat er ein Katzenhai-Ei gefunden! Als Jette sich schnell umdreht und zu ihm laufen will, bleibt sie mit ihrem Gummistiefel im Schlick stecken und fällt hin. Auch das noch! Sie kann sich gerade noch mit den Händen abfangen.

Nanu? Jette spürt etwas Hartes, Glattes im Sand. Ist das etwa eine Flaschenpost? Aufgeregt beginnt sie zu buddeln. Auch Freddie kommt angelaufen und hilft mit.

»Was ist das denn?« Etwas ratlos hält Jette Oma kurze Zeit später ein seltsames Ding unter die Nase.

»Ach, sieh mal an«, sagt Oma überrascht. »Das ist eine Videokamera. Eine wasserdichte sogar«, fügt sie hinzu, nachdem sie die Kamera genauer untersucht hat.

79

»Kann man damit Filme machen?«, möchte Jette aufgeregt wissen.

Oma nickt. »Ja, das kann man. Vielleicht ist sogar noch einer darin. Dann können wir herausbekommen, wem die Kamera gehört. Komm, das schauen wir uns gleich mal näher an.«

Zu Hause nimmt Oma vorsichtig ein kleines Plättchen aus der Kamera. »Das ist die Chipkarte«, erklärt sie Jette, die staunend danebensteht. »Die schiebe ich jetzt in meinen Laptop und dann können wir uns den Film ansehen. Und nicht nur das.« Während Oma spricht, wandern ihre Finger klackernd über die Tasten.

»Was denn noch?«, fragt Jette gespannt.

»Wir können sogar sehen, wann und wo dieser Film gemacht wurde.«

Auf dem Computer-Schirm öffnet sich ein Bild. Jette geht ganz dicht heran. Was wird sie gleich zu sehen bekommen? Piraten, die ein Schiff kapern? Einen Schiff-brüchigen auf einer einsamen Insel? Oder vielleicht eine Prinzessin, die von einem Seeungeheuer gefangen gehalten wird?

Nein, kein Pirat, kein Schiffbrüchiger, keine Prinzessin. Viel besser. Auf dem Bildschirm taucht ein Mädchen auf, ungefähr so alt wie Jette. Ihr Gesicht ist ganz nah, sie scheint die Kamera auf einen Stein zu stellen. Das Mädchen befindet sich an einem Strand. Es macht Handstand und Purzelbäume im Sand und dreht sich dann ganz schnell auf der Stelle, bis es umfällt. Jette lacht laut auf. Das Mädchen sieht sehr nett aus. Jetzt springt es plötzlich auf und streckt seine Hand jubelnd der Kamera entgegen. Es möchte wohl etwas zeigen. Doch plötzlich wackelt das Bild, kippt und für einen Moment ist nur noch Wasser zu sehen. Dann wird es dunkel.

»Da hat wohl eine Welle die Kamera ins Meer gespült«, meint Oma schmunzelnd. »Und zwar …« Sie drückt noch ein paar Tasten, setzt sich ihre Brille auf und guckt ganz genau. »Vor ungefähr drei Monaten. Und weißt du was?« Verblüfft dreht sich Oma zu Jette um. »Der Film wurde in England gemacht! In Newcastle!«

Jette steht ganz still. Doch obwohl sie sich nicht bewegt, hüpft ihr Herz vor Freude wie verrückt. Das Mädchen wohnt also in Newcastle! Und Jette hat noch etwas gesehen. Sie konnte erkennen, was das Mädchen so freudestrahlend in die Kamera gehalten hat: Es war das Ei eines Katzenhais.

»Hallo, liebes Meer«, flüstert Jette einige Tage später und betrachtet die kleine Welle, die auf sie zukommt. Sie hebt den Blick und stellt sich vor, dass das Mädchen von gegenüber jetzt genauso am Strand steht wie sie. Nun hocken sie sich beide hin, krempeln ihre Ärmel hoch und halten die Hände ins Wasser. Das Meer schwappt zwischen ihnen hin und her und umspült zärtlich ihre Finger.

Frau Meier, die Silbermöwe

von Sabine Choinski-Schubert und Gabriela Krümmel
mit Bildern von Volker Fredrich

»Schau mal, was für eine große Welle!« Julius freut sich und läuft an den Strand. Oma Waltraut und Opa Klaus kommen etwas langsamer hinterher, denn sie tragen das ganze Gepäck.

»Unser Strandkorb hat die Nummer 86! Wer findet ihn zuerst?«, fragt Oma.

Julius kommt bald in die Schule und kennt schon alle Zahlen, schnell hat er den richtigen Strandkorb gefunden. Aber was ist das? Obendrauf sitzt eine große weiß-graue Möwe mit einem spitzen Schnabel. Julius sieht ängstlich zu ihr hoch.

»Die tut dir nichts«, meint Opa Klaus. »Das ist eine Silbermöwe.«

»Und was hat sie da Rotes am Schnabel, hat sie Marmelade genascht?«, will Julius wissen.

»Nein«, antwortet seine Oma. »An dem roten Fleck erkennst du, dass die Möwe erwachsen ist. Alle Silbermöwen haben so einen Fleck am Schnabel.«

Julius holt ein Brötchen aus seinem Rucksack. Er zupft ein kleines Stückchen heraus und wirft es vor die Möwe in den Sand. Sofort fliegt sie vom Strandkorb herunter und macht sich gierig darüber her. Dann schaut sie Julius bettelnd an. Ihre kleinen Augen glänzen wie schwarze Perlen.

»Ich finde, die guckt wie Frau Meier«, findet Julius. Oma und Opa lachen. Frau Meier ist ihre Nachbarin. »Das ist ein guter Name für diese Möwe!«

Frau Meier legt ihren Kopf schräg und schaut den kleinen Jungen an. Dann hüpft sie ein Stück näher und wartet. »Willst du noch mehr?«, fragt Julius. »Mein Brötchen möchte ich aber selbst aufessen.« Er gibt ihr stattdessen noch ein kleines Stück Apfel. Mit dem Brötchen in der Hand schlendert er ans Wasser. Die Wellen plätschern leise um seine nackten Füße. Er bückt sich, um eine Muschel aufzuheben. Plötzlich flattert etwas hinter ihm und es gibt einen Ruck: Frau Meier hat ihm sein Brötchen aus der Hand gerissen! Erschrocken sieht Julius zu, wie die Möwe mit lautem Gekreische auf den nächsten Strandkorb fliegt und dort genüsslich ihre Beute verspeist.

Auf einmal muss Julius lachen. Oma und Opa haben alles beobachtet. Sie machen sofort ein Foto von der gefräßigen Frau Meier.

Am Strand gibt es noch viele andere Möwenarten. Manche haben einen schwarzen Kopf, manche ganz braune Federn … Aber keine ist so wie Frau Meier. Immer, wenn die Großeltern mit Julius an den Strand kommen, ist sie schon da. An ihrem linken Flügel fehlen ein paar Federn, daran kann Julius sie erkennen. Es scheint so, als würde sie immer schon auf die drei warten.

Manchmal verschwindet Frau Meier für einige Zeit. Dann taucht sie plötzlich wieder auf und setzt sich auf den Strandkorb. Wenn sie von Julius nichts bekommt, hüpft sie zum Wasser und sucht im Spülsaum nach Krebsen, Muscheln und kleinen Fischen. Wenn die Flut kommt, bleibt sie nicht alleine: Viele andere Möwen schaukeln auf den Wellen und schauen ins Wasser, um dann blitzschnell eine Muschel oder einen Seestern herauszuholen.

Frau Meier hat gerade wieder eine große Muschel im Schnabel. Sie hebt sich in die Luft und bleibt für die nächsten Stunden verschwunden.

»Bestimmt hat sie ein Nest mit Jungen in der Nähe«, meint Oma Waltraut. »Sie muss ihre Jungen füttern. Dazu würgt sie ihren Nahrungsbrei hoch und stopft ihn ihren Kindern in den Schnabel.«

»Können wir das Nest suchen?«, fragt Julius gespannt.

»Das geht nicht«, antwortet sein Opa: »Möwen nisten meistens in den Dünen. Die darf man nicht betreten, das ist Naturschutzgebiet!«

Kurz bevor die Großeltern mit Julius den Strand verlassen, landet Frau Meier wieder auf einem Korb in der Nähe. »Sie sieht so zufrieden aus!«, findet Julius. »Bestimmt sind ihre Kinder heute satt geworden.«

»Und jetzt haben wir auch Hunger«, meint Oma Waltraut. »Deine Möwe wirst du morgen bestimmt wiedersehen.«

Langsam leert sich der Strand. Nachdem sich Frau Meier ausgeruht hat, unternimmt sie einen Flug am Dünenrand entlang. Sie spielt mit dem Wind, lässt sich von ihm tragen, öffnet immer wieder ihren Schnabel zum Schrei. Zusammen mit ihren Artgenossen kreist sie über dem Wasser in der Abendsonne, um sich dann für die Nacht im Schutz der Dünen zur Ruhe zu setzen.

Für die Möwen ist die Nacht schnell vorbei. Als der Tag dämmert, schweben sie schon wieder über dem Wasser. Ein Fischkutter fährt frühmorgens hinaus. Frau Meier und die anderen Möwen folgen ihm. Die Fischer werfen ihre Netze aus, die Vögel kreisen aufgeregt darüber.

Als sich der Fang in das Boot ergießt, stürzen sich die Vögel hinunter und schnappen sich einen zappelnden Fisch. Auch Frau Meier versucht ihr Glück. Doch sie passt nicht auf, ein Bein verfängt sich im Fischernetz. Laut kreischend versucht sich Frau Meier zu befreien. Aber das gelingt ihr nicht. Einer der Fischer hat die Möwe beobachtet. Jetzt nimmt er sein Messer. Ein Ritsch, schon hat er den Fuß von Frau Meier aus dem Netz befreit. Die Silbermöwe fliegt unter Gezeter davon und landet am Strand. Sie humpelt zu den Dünen hinauf. Ihr Bein ist verletzt.

Als Julius an diesem Morgen mit den Großeltern zum Strand kommt, merken sie gleich, dass mit Frau Meier etwas nicht stimmt. Sie sitzt still im Sand, nur selten hüpft sie auf einem Bein ein Stück weiter.

Julius tut die Möwe leid. »Können wir sie nicht mit nach Hause nehmen?«, bettelt er. »Dann können wir sie gesund pflegen.«

Da hat Opa Klaus eine gute Idee: »Morgen besuchen wir die Schutzstation Wattenmeer. Dort arbeiten Ornithologen, so heißen die Vogelkundler. Die kennen sich gut mit Möwen aus!«

Am nächsten Vormittag radeln die drei zur Schutzstation. Dort gibt es viel zu sehen: Schaukästen mit ausgestopften Tieren, viele Bücher und lustige Spiele für Kinder. Ein Mann kommt zur Tür herein. Um seinen Hals baumelt ein Fernglas. Er schreibt etwas auf.

»Was machst du da?«, möchte Julius wissen.

»Ich heiße Klaus Günther und bin hier für die Seevögel zuständig«, erklärt der nette Mann.

»Oh prima!«, meint Julius. »Mein Opa heißt auch Klaus.« Und dann erzählt er Herrn Günther von Frau Meier, die sich verletzt hat und nun nicht mehr richtig laufen kann.

»Tja«, meint Herr Günther, »das ist so eine Sache. Möwen können sich den Flügel brechen, das Bein verletzen oder etwas Gefährliches fressen. Du hast bestimmt schon von der Verschmutzung der Meere gehört, die viele Tierarten bedroht?« Julius nickt. »Manchmal fressen die Seevögel sogar Plastikteile und Müll, den die Menschen einfach weggeworfen haben«, fährt Herr Günther fort. »Meistens sterben sie daran. Wenn eine Möwe leicht verletzt ist wie deine Frau Meier, sollte man sie am besten in Ruhe lassen oder bei einer Schutzstation wie unserer anrufen, damit die Menschen dort ihr helfen können.«

Julius hat noch viele Fragen an Herrn Günther. »Wie alt werden Silbermöwen? Woran erkennt man Männchen und Weibchen? Warum haben Silbermöwen mal braune und mal graue Federn? Welche Feinde haben sie? Wo brüten sie?«

Geduldig beginnt Herr Günther zu erklären: »Silbermöwen können recht alt werden, ungefähr 16 Jahre. Es gibt aber auch Silbermöwen, die 25 bis 30 Jahre alt geworden sind.«

»So alt!«, staunt Julius.

Herr Günther nickt. »Möwen sind oft ortstreu und kommen immer wieder zu einer Stelle zurück. Schau dir mal dieses Bild an: Junge und alte Silbermöwen sehen ganz unterschiedlich aus, man kann aber kaum erkennen, ob sie Weibchen oder Männchen sind. Die Männchen sind ein kleines bisschen größer als die Weibchen, aber nur ganz wenig. Ihre Küken kommen grau-weiß gesprenkelt zur Welt. Die Möweneltern passen gut auf ihre Brut auf, damit sie kein

Fuchs oder Marder holt. Das sind nämlich ihre Feinde. Auch der große Seeadler ist für die Jungvögel gefährlich. Ratten und Igel stehlen außerdem oft die Eier aus den Nestern.

Meistens brüten Möwen mit anderen gemeinsam in Dünentälern, aber nur dort, wo sie geschützt sind und kein Mensch sie stören kann. Weißt du schon, dass man die Dünen nicht betreten darf?«

»Na klar!«, meint Julius. »Das haben mir Oma und Opa schon gesagt.«

»Besonders viele Möwenarten gibt es auf der Insel Amrum«, erklärt Herr Günther weiter. »Im ganzen Wattenmeer haben wir über 100.000 Brutpaare gezählt. Neben deiner Frau Meier gibt es noch Lachmöwen, Herings- und Sturmmöwen und die großen Mantelmöwen.«

Der letzte Urlaubstag ist gekommen. Noch ein Mal laufen die drei schwer bepackt zum Strand. Frau Meier geht es besser, sie kann wieder auf beiden Beinen hüpfen. Heute hat ihr Julius einen besonderen Leckerbissen mitgebracht: einen klein geschnittenen Hering. Frau Meier ist ganz zahm geworden. Sie kommt dicht zu Julius heran und schnappt sich die Fischstücke aus seiner Hand. Dann bleibt sie lange bei ihm sitzen und blickt ihn mit ihren kleinen Augen an.

Julius ist traurig. Am liebsten würde er Frau Meier mit nach Hause nehmen, aber er weiß, dass das nicht möglich ist. Oma und Opa trösten ihn und geben ihm ein kleines Päckchen. Darin ist eine Stoffmöwe, die Frau Meier ziemlich ähnlich sieht. »Danke!«, flüstert Julius und drückt die Möwe an sich.

Als die drei Menschen aufbrechen, kreist Frau Meier noch eine ganze Zeit über ihnen, fast als wüsste sie, dass sie Julius und seine Großeltern nicht wiedersieht.

»Aber im nächsten Jahr kommen wir wieder! Bitte warte auf uns!«, ruft Julius Frau Meier zu, bevor sie mit dem Auto davonfahren.

Die Perle

von Marlies Bardeli
mit Bildern von Lena Hällmayer

Eine Muschel reckte und streckte sich, öffnete ihre Schalen weit und gähnte. ›Welch gute Gelegenheit!‹, dachte der Wattwurm und stahl ihre einzige, wunderschöne Perle. Nun aber weg von hier!

Ein Wattwurm ist nicht schnell. Darum war guter Rat teuer, denn die Muschel schrie sogleich: »Ein Dieb! Ein Dieb! Haltet ihn!«, und wollte ihm nachschwimmen.

Doch eine Muschel ist erst recht nicht schnell. Sie muss auf die richtige Welle warten. Zum Glück für den Wattwurm. Der sprang auf ein Seepferdchen und gemeinsam machten sie sich davon. Der Wattwurm sang vergnügt vor sich hin.

»Was sehe ich da?«, sprach der schlaue blaue Fisch. »Ein Wattwurm mit einer schimmernden Perle sitzt froh auf einem Seepferdchen und singt Lieder? Eine gute Gelegenheit!«

Er startete durch und stupste das Seepferdchen von hinten an. Das hüpfte vor Schreck und der Wattwurm ließ die Perle fallen. Der schlaue blaue Fisch schnappte sie sich, klemmte sie unter die linke Flosse und schwamm schnell davon. »Ich Glücklicher! La-la-la! Ich habe eine Perle!«, sang nun er und fühlte sich reich.

Ach, hätte er nur geschwiegen. So aber hörte ihn der silberne Königsfisch. »Eine Perle? Die gebührt ja wohl mir!«, sprach er. Er tauchte, bis er unter dem schlauen blauen Fisch war, stieg dann plötzlich auf und stupste ihn von unten an. Der schlaue blaue Fisch bekam einen Schreck und ließ die Perle fallen. Der silberne Königsfisch schnappte sie sich und klemmte sie unter die rechte Flosse.

»Wie gemein!«, rief der schlaue blaue Fisch. Aber der silberne Königsfisch war schon davongeschwommen. In sicherer Entfernung drehte er Kreise, Achten und einen Violinschlüssel vor Glück.

Das sah der Seewolf. Er schöpfte Verdacht, näherte sich mit süßlichem

Lächeln und umschmeichelte den silbernen Königsfisch.

»Majestät haben wohl Grund zur Freude?«, fragte er und verbeugte sich unterwürfig.

»Oh ja«, sagte der silberne Königsfisch. »Ich habe soeben eine Perle erjagt. Daraus werde ich mir einen Schmuck machen lassen.«

»Das könnte ich doch übernehmen!«, schlug der Seewolf vor. »Bin Eurer Majestät immer gern zu Diensten. Ihr gebt mir die Perle und ich lasse sie für Euch auf dem Riff in eine Korallenkrone einarbeiten.«

»Das wäre wunderbar, lieber Seewolf«, sagte der silberne Königsfisch und übergab ihm die Perle.

»Haha!«, lachte der Seewolf in sich hinein und schwamm mit der Perle davon. »Wie dumm Eitelkeit doch macht!«

Da kreuzte ein kleiner, frecher Fisch seinen Weg. Der versteckte sich eilig hinter einem Stein, denn mit dem Seewolf war nicht zu spaßen. Aber warum machte der Seewolf nur so ein verkniffenes Gesicht? Hatte er vielleicht Zahnschmerzen?

Der kleine, freche Fisch war neugierig. »Hallo?«, rief er aus seinem Versteck.

»Hm, hm«, antwortete der Seewolf nur. Er durfte das Maul nicht öffnen, weil er die Perle darin trug.

»Kannst du nicht sprechen?«, fragte der kleine, freche Fisch.

»Hm, hm«, machte der Seewolf wieder und schüttelte verneinend den Kopf.

»Hat man dir das Maul zugenäht?«, fragte der kleine, freche Fisch.

»Hm, hm«, lautete die Antwort. Der Seewolf sah zunehmend unfreundlich aus.

›Wenn er nicht sprechen kann, kann er mich auch nicht fressen‹, dachte der kleine, freche Fisch. Er verließ sein Versteck, schwamm dem Seewolf vor den Augen herum, winkte mit den Flossen und schnitt eine lustige Grimasse.

Nun wurde der Seewolf richtig ärgerlich. »Hm, hm!«, machte er böse, was jetzt so viel heißen sollte wie: »Verschwinde auf der Stelle!«

Der kleine, freche Fisch aber wurde übermütig, tanzte um den Seewolf herum, lachte, schlug mit den Flossen, schwamm rückwärts, machte einen Salto und schnitt ganz viele Grimassen.

la la la ♪

Dem Seewolf
wurde es zu bunt.
Er vergaß die Perle
und öffnete das Maul, um
den kleinen, frechen
Fisch zu fressen. Der
aber hatte die Perle sofort
entdeckt. Sie war dem
Seewolf aus dem Maul gekullert. Wie sie schimmerte!
Sie sank schnell. Der kleine, freche Fisch konnte
sie gerade noch schnappen, bevor sie einer Feuerqualle
in die Fänge fiel.

Der Seewolf aber raste in seiner Wut genau auf die Feuerqualle zu, die ihn mit ein paar heftig brennenden Ohrfeigen belohnte.

Inzwischen hatte der kleine, freche Fisch mit der Perle im Maul das Weite gesucht. Er war näher an die Oberfläche geschwommen. Schon sah er das Sonnenlicht durchs Wasser leuchten. Um ihn her schwammen andere Fische, große, gutmütige, zwischen denen er sich vor dem Seewolf gut verstecken konnte.

Doch da wurde es plötzlich eng und ausweglos. Ein Sog war zu spüren. Algen umschlangen ihn und die großen, gutmütigen Fische kamen rasend schnell näher, ja, berührten ihn schon, jetzt drängelten sie sogar. Ihm wurde angst und bange. Er kniff die Lippen zusammen, um die Perle nicht zu verlieren, und schloss die Augen. ›Mama, hilf mir!‹, schrie er stumm.

Da war Luft. Da war Licht. Da war kein Wasser mehr. Da war ein Gewimmel von Fischen. Da war Angst. Und drum herum das Netz.

»Ein guter Fang!«, rief der Fischer Hans. Er setzte einen großen, gutmütigen Fisch nach dem anderen in einen Wasserbehälter. Die Algen warf er wieder ins Meer.

Aber was war das?

Ein ganz kleiner Fisch!

Der lag auf den Schiffsplanken, zappelte hilflos und schnappte nach Luft. Dabei kullerte ihm eine wunderschöne Perle aus dem Maul.

»Oh!«, rief Hans und staunte. »Danke, kleiner Fisch! Dafür gebe ich dir die Freiheit wieder.« Und er warf ihn zurück ins Meer.

Hans strahlte über das ganze Gesicht. Hatte er doch seit Wochen überlegt, womit er Trude überraschen konnte. »Wenn ich ihr diese Perle schenke, wird sie mich lieben und vielleicht sogar heiraten!«, rief er und tanzte vor Freude auf dem Deck herum.

Der kleine, freche Fisch aber schlug im Wasser einen Purzelbaum nach dem anderen.

Der Ameisen-Schatz

von Irene Margil
mit Bildern von Miriam Elze

Ami freut sich auf das Geburtstagsfest von Bento. Diesmal soll es eine Schatzsuche im Wald geben. Aber als Bento die Einladungskarten verteilt, geht Ami leer aus.

Bento hat einen neuen besten Freund. Von Ami will er nichts mehr wissen. Nicht mal zum Geburtstag lädt er ihn noch ein.

Ami versteht nicht, warum, und ist traurig. Da ist es auch kein rechter Trost, dass seine Eltern einen Ausflug mit ihm machen. Nach Neuwerk, einer Insel im Wattenmeer, die zu Hamburg gehört.

Am Neuwerker Strand lernt Ami Schira kennen, die ebenfalls mit ihrer Familie dort ist. Sie buddelt mit ihrem kleinen Bruder im Sand und stapft mit einem Kescher im seichten Wasser umher.

Es ist kalt und windig. Zu kalt und zu windig für Ami. Er will lieber schnell in den Leuchtturm.

»Wir sind übrigens echte Schatzsucher«, behauptet Schira plötzlich.

»Von wegen.« Ami verdreht die Augen. Wie bei Bento, denkt er. »Besteht euer Schatz zufällig aus Schokotalern und Lakritz-Piraten?«

»Quatsch!«, sagt Schira. »Wir finden echte Goldstücke.«

Ami muss lachen. Er tippt sich an die Stirn.

»Noch nie etwas vom ›Gold des Meeres‹ gehört?«, fragt Schira.

Das macht Ami nun doch neugierig. »Gold des Meeres?«

»So nennt man Bernsteine auch«, erklärt Schira. »Und die werden besonders oft an die Ufer von Neuwerk gespült. Bernsteinsammler haben hier gute Chancen auf einen Fund. Und wir sind Bernsteinsammler!«

»Kann ich auch einer werden?«, fragt Ami.

»Klar!«, versichert Schira.

Ami beginnt zu suchen. Aber sosehr er auch schaut und im Sand wühlt, er hat kein Finderglück. Schira erklärt ihm, wo er suchen muss, und erzählt von ihrer Bernsteinsammlung. Mit ihrer Hilfe findet endlich auch Ami einen Bernstein. Sein erstes Stück »Gold des Meeres«! Oder ist es doch nur ein ganz gewöhnlicher Stein? Denn irgendwie sieht sein Bernstein komisch aus. Das findet auch Schira.

Die beiden gehen ins »Bernstein-Haus« von Herrn Lehmann. Der Experte untersucht den Stein. »Glückwunsch!«, sagt er dann. »Das ist ein echter Bernstein! Ein Stück versteinertes Baumharz, ungefähr 55 Millionen Jahre alt.« Er zeigt Ami, wie man den Stein schleifen und mit Zahnpasta polieren kann.

55 Millionen Jahre! Puh. Ami kann sich diese Zahl gar nicht vorstellen.

»Zu jener Zeit tauchten die ersten Wale in den Meeren auf, es gab die ersten Fledermäuse, die ersten Seerobben und Walrosse«, erklärt Herr Lehmann. »Und dieser kleine Kamerad hier lebte auch zu jener Zeit.« Der Experte hält den Bernstein ins Lampenlicht. Ami beugt sich vor – und entdeckt eine Ameise im Stein!

»Eine kleine Sensation!«, staunt Herr Lehmann. Seine Augen blitzen. »Die Ameise ist von allen Seiten gut zu erkennen! Das ist sehr selten.« Er fotografiert Ami mit seinem Schatz für einen Bericht in der Lokalzeitung. »Junge findet 55 Millionen alten Ameisen-Schatz!«, steht am nächsten Tag in dem Blatt.

Als Bento von seiner tollen Geburtstagsfeier erzählt, ist Ami gar nicht mehr so traurig. Er freut sich schon auf die nächste Schatzsuche mit Schira. In zwei Wochen treffen sie sich wieder auf Neuwerk. Natürlich ohne Bento. Der ist nicht eingeladen.

Löcher noch und nöcher

von Anne Jaspersen
mit Bildern von Louise Heymans

Die Maus, die wohnt im Mauseloch.
Sie schläft grad tief und feste, doch
auf einmal klopft's an ihre Tür –
nachts um halb vier!
Wer kann das sein, fragt sich die Maus,
wer geht um diese Zeit noch raus?
Ist es vielleicht ein lauter Traum?
Wohl kaum!

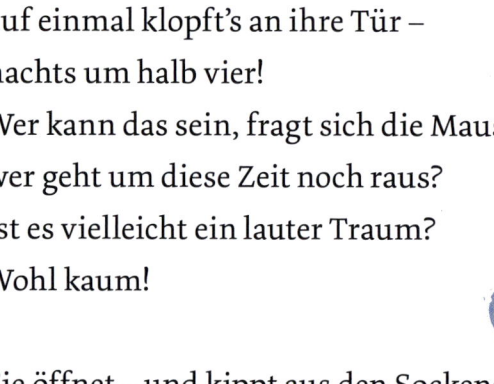

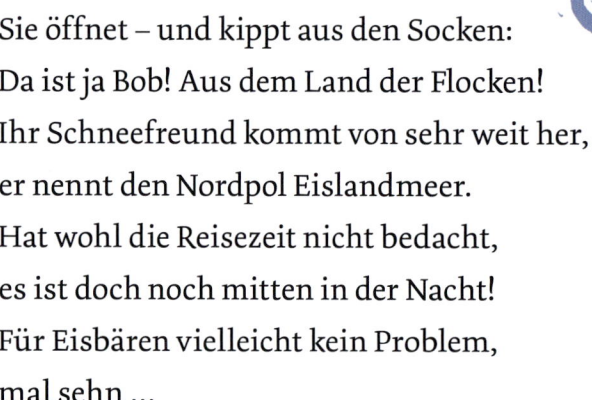

Sie öffnet – und kippt aus den Socken:
Da ist ja Bob! Aus dem Land der Flocken!
Ihr Schneefreund kommt von sehr weit her,
er nennt den Nordpol Eislandmeer.
Hat wohl die Reisezeit nicht bedacht,
es ist doch noch mitten in der Nacht!
Für Eisbären vielleicht kein Problem,
mal sehn ...

Über Bob freut die Maus sich jedenfalls sehr
und fragt: »Wo kommst du denn plötzlich her?
Wie hast du's geschafft, so weit zu reisen?«
»Wir haben Probleme mit dem Vereisen«,
antwortet Bob, ohne viel zu erklären,
»und das betrifft vor allem uns Bären.«

94

»Euch Eisbären meinst du?«, flüstert die Maus.
Sie sieht immer noch recht ungläubig aus.
»Ja, ja!«, sagt Bob. »Im Eis entstehn Löcher,
und zwar noch und noch und nöcher.
Ich dachte, das ist ein Fall für die Maus,
mit Löchern kennst du dich schließlich aus,
du bist ja in einem zu Hause ...«

Jetzt braucht die Maus eine Pause.
Und zwar um in Ruhe zu denken,
dann fängt sie an umzuschwenken:
»Was findet ihr Bären an Löchern so schlecht?
Sie sind zum Verstecken doch gut, ganz in echt!«
»Ja, ja«, sagt auch Bob. »Doch brauchen die Bären
nun einmal das Eis, um sich zu vermehren
und um zu jagen und auszuruhn.
Das Eis aber schmilzt, was sollen wir tun?«
Die Maus hat ihr Mauseloch in der Stadt
und liest tagtäglich das Zeitungsblatt
der Nachbarn richtig gerne,
nur war sie noch nie in der Ferne.
Denn in Hamburg fühlt sie sich pudelwohl,
hier ist sie glücklich mit Käse und Kohl.
Sie kennt den Michel, die Elphi, den Dom,
die Elbe ist sogar ihr Lieblingsstrom!

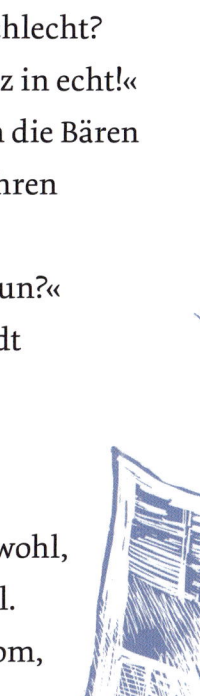

95

Trotzdem beschließt sie kurzerhand:
»Ich komme mit ins Eismeerland,
ich möchte vor Ort die Lage besprechen.«
»Dann ist es Zeit aufzubrechen«,
sagt Bob. »Wir nehmen den Eismeerkutter.«
Die Maus packt schnell noch Käse und Butter
in ihren Sack
und zack!

Schon geht sie los, die Fahrt mit dem Schiff,
geschickt umfährt Bob jedes gefährliche Riff,
bis sie die anderen Bären sehn.
Die bleiben gespannt am Ufer stehn
und wundern sich über Bob und Maus.
Die Maus springt aus dem Kutter raus
und ruft: »Euer Eis beginnt zu schmelzen?!
Reicht es denn trotzdem zum Schlafen, zum Wälzen?«
Die Bären seufzen: »Noch geht es, doch
wir finden täglich ein neues Loch
im Eis und langsam stellt sich die Frage:
Wer bringt uns in diese bedenkliche Lage?«

»Na ja.« Die Maus überlegt und sagt:
»Die Erde wird wärmer, wenn ihr mich fragt,
und das, weil die Menschen sie verpesten
mit Autos und Fliegern und giftigen Resten.«
Die Eisbären blicken sich ratlos an.
Was wohl Dreck mit Wärme zu tun haben kann?
Da lächelt die schlaue Maus bloß keck:
»Stellt euch vor, aufs Fell käme noch Dreck.
Dadurch würde es dicker werden
und wir würden schwitzen auf Erden!«

»Ja, ja«, wirft Bob ein, die Eisbären nicken.
»Nur wem könnten wir eine Nachricht schicken?«
Die Maus denkt hin und wieder her
und guckt zu Bob und tut sich schwer.
»Es müsste irgendwo Menschen geben,
die bereit sind, anders zu leben.«
»Ja, ja«, stimmt Bob zu, »doch wer könnte das sein?
Fällt dir da etwa jemand ein?«

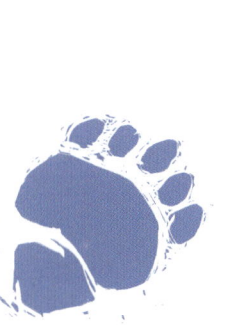

»Vielleicht«, die Maus zögert, »sollten wir's wagen
und einfach mal die Kinder fragen.«
»Gute Idee!« Die Eisbären schauen
zu Bob und Maus und brummen und trauen
sich nun sogar, ein wenig zu lachen.

Und was würdest du für die Eisbären machen?

Mährino Supermäh

von Yvonne Hergane
mit Bildern von Kerstin Meyer

Mährino tut am liebsten den ganzen Tag lang das, was alle Schafe am liebsten tun: auf dem Meer herumschippern, Seetang schmatzen und Schafschlaflieder schmettern. Meistens ist er gern allein auf seinem Schafschiff, manchmal auch nicht. Schafschlaflieder schmettern hilft in beiden Fällen. Die Schafschlaflieder sind selbst ausgedacht und gehen zum Beispiel so: *Schlaffe Schiffschafaffen schlappen schiefe Schifferschlappen im Schralaffenland, Schallala und Heuhaufen ahoi!*

Wenn er nicht schippert, schmatzt oder schmettert, sitzt Mährino einfach so an Deck und lässt sich die Sonne auf die Wolle scheinen. Und eines Tages entdeckt er dabei plötzlich einen weißen Klecks im blauen Meer.

Mährino hält sich das Fernrohr ans rechte Auge und das Nahrohr ans linke Ohr. Dann das Fernrohr ans rechte Ohr und das Nahrohr ans linke Auge. Dann schleudert er die beiden nutzlosen Rohre aufs Deck. »Pah!«

Inzwischen ist der weiße Klecks näher ans Schafschiff herangedümpelt – und er bewegt sich! Aber er zappelt so komisch … Flatterig und flatschklatschpanisch. Und dazu stößt der Klecks seltsame Geräusche aus, die verdächtig nach »Hiiilfeeee!« klingen … Mährino schaltet schafscharf: Der Klecks ist in Not!

Mährino springt auf und verwandelt sich in … Supermäh! Erst innerlich, so von der Einstellung her. Dann auch äußerlich: Er bindet sich das Segel um (ährrghh, das war vielleicht ein bisschen zu eng am Hals) und knotet sich einen breiten Algenstreifen vor die Augen. Umhang – check. Maske – check. Jetzt ist Supermähs Verwandlung perfekt!

Na ja … vielleicht nicht ganz. »Hilfe, ich kann nichts mehr sehen!«
Supermäh taumelt nach vorn, kracht gegen den Mast und fällt unsanft
auf den Wollpopo. Ein Glück, dass der gut gepolstert ist – und dass
die Maske beim Sturz einen Riss bekommen hat, durch den er jetzt
sehen kann.

»Stark und zäh – Supermäh!«, stößt er hervor, schüttelt den
Schreck weg und stürzt an die Reling.

Der flatternde weiße Klecks ist jetzt nur noch zwei Schafbeinlängen vom Schafschiff entfernt. Supermäh nimmt das Fernrohr – endlich ist das mal von Nutzen – und
streckt es dem Flatterklecks hin, sodass der sich daran festkrallen kann.

»Für einen Papagei bist du aber ganz schön blass«, sagt der Schafbock, während er den
Flatterklecks an Bord hievt.

»Ich bin ja auch kein Papagei, sondern eine Möwe«, sagt der Flatterklecks.

»Einigen wir uns auf Möchtegern-Möwe, ja?« Supermäh zwinkert. »Für mich
bleibst du ein Papagei. Jeder anständige Seemann braucht doch einen Papagei auf
der Schulter.« Er zupft sich die Seetangmaske vom Gesicht und schiebt sie sich in
den Mund. »Mhh … schmatz … lecker.« Dann nimmt er seinen Umhang ab, faltet ihn
zusammen und schiebt ihn der Möwe hin, damit sie weich sitzen kann. »Aber was hat
denn ein Papagei hier draußen auf hoher See zu suchen?«

»Ähm … Was hat ein Schaf hier draußen auf hoher See zu suchen?«

»Ich suche nichts, ich finde«, antwortet Mährino. »Dich hab ich zum Beispiel eben
gefunden.«

»Stimmt«, sagt die Möwe. »Dafür bin ich dir auch echt dankbar. Übrigens, ich heiße Meerrettich«, stellt sie sich mit einem Schnabelnicken vor.

»Komischer Name für einen Papagei«, sagt Mährino. »Ich bin Mährino Supermäh.« Er guckt sich den rechten Flügel an, den der Vogel seltsam schief runterhängen lässt. »Der sieht nicht gut aus. Was ist denn passiert?«

Meerrettich senkt bedröppelt den Kopf. »Das ist eine ziemlich lange und peinliche Geschichte«, sagt sie. »Es ging um einen fliegenden Fisch, den ich unbedingt erwischen wollte, aber der flutschige Fisch ist mir entwischt und ich bin witschwatsch schräg ins Wasser und mein Flügel machte ritschratschknacks und seitdem tut er so weeeehhh …«

Mährino nickt verständnisvoll, sodass seine Wolllocken wabbeln. »Du brauchst eindeutig eine Schafschiffsschiene«, sagt er. Er schient Meerrettichs Flügel mit dem Nahrohr – ist das auch endlich zu was nutze – und verbindet ihn mit einer dicken Lage Seetang. »In vierzehn Tagen ist dein Flügel so gut wie neu, Heuhaufen ahoi!«

Meerrettich beäugt Mährino skeptisch. Die Aussicht, zwei Wochen mit diesem wildfremden Schafdoktor auf einem kleinen Boot zu hausen, gefällt ihr nicht. Ein Vogel muss frei sein und fliegen! Aber sie hat keine Wahl – erst Flügel, dann Freiflug.

Am ersten Tag erzählt Mährino der Möwe seine ganze
Lebensgeschichte.

Am zweiten Tag erzählt Meerrettich ihm
ihre ganze Lebensgeschichte.

Vom dritten bis zum dreizehnten Tag erzählt Mährino
ihr die Lebensgeschichten seiner ganzen Familie, einschließlich Vetter Mähtthias,
Oma Mährthe und Großonkel Mähximilian.

Am Abend des dreizehnten Tages
versucht Meerrettich, sich die Flügel vor
die Ohren zu halten. Als das wegen des
Verbands nicht geht, reißt sie ihn kurzerhand herunter.

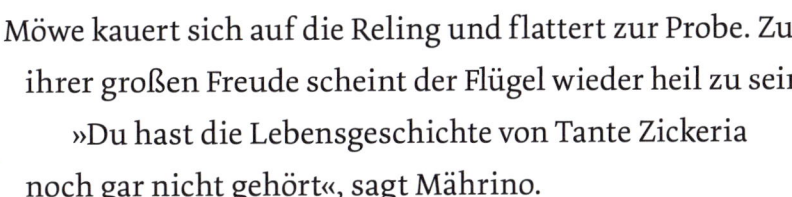

»Hörst du eigentlich nie auf zu blöken?«, krächzt sie Mährino an. Die
Möwe kauert sich auf die Reling und flattert zur Probe. Zu
ihrer großen Freude scheint der Flügel wieder heil zu sein!

»Du hast die Lebensgeschichte von Tante Zickeria
noch gar nicht gehört«, sagt Mährino.

»Die will ich auch nicht mehr hören! Ich …« Meerrettich hält inne und seufzt. »Ich
werde es bestimmt bereuen, gefragt zu haben, aber … Warum heißt die Tante Zickeria
und nicht auch irgendwas mit Mäh vornedran?«

»Weil sie adoptiert wurde, und zwar ist sie …«, setzt Mährino hoffnungsvoll an.

»Lass mich raten«, geht die Möwe dazwischen. »Sie ist eine Ziege.«

»Nö, wie kommst du denn darauf?« Mährino blinzelt verwirrt. »Sie ist eine Wölfin. Sie war noch ein Welpe, als ihr Rudel unsere Schafherde überfallen hat. Und nachdem wir die Wölfe in die Flucht geschlagen hatten, blieb sie allein zurück. Oma Mährthe hat sie dann aus Mitleid adoptiert.«

»Okay, das reicht«, sagt Meerrettich. »Danke für deine Hilfe, aber das Dauergeblöke hält echt keiner aus! Ich mach den Abflug!«

Mährino erstarrt unter seiner Wolle. »Du willst w-w-weg?«, stammelt er. »Ich … ich dachte, wir könnten von jetzt an zusammen … übers Meer schippern, Seetang schmatzen und Schiffschlaflieder schmettern. Immerhin bin ich dein Wolltäter und Vetter!«

»Du meinst Wohltäter und Retter. Und den Seetang hab ich genauso satt wie deine endlosen Geschichten.« Meerrettich seufzt wieder, als sie Mährinos traurigen Blick sieht. »Ich muss mir jetzt erst mal einen Fisch holen. Mit vollem Bauch und Kopf unter Wasser konnte ich schon immer am besten denken.«

Damit hechtet sie kopfüber von Bord. »Boah, dieser Sabbelbock ist vielleicht anstrengend!«, denkt sie, während sie nach dem Abendessen Ausschau hält.

Plötzlich erspäht sie einen besonders appetitlichen Fisch und schnappt danach.

»Ha, erwischt!« Sie schwimmt noch eine Runde mit dem dicken Fisch im Bauch und schaut zum Schafschiff. Okay, Mährino redete viel, aber immerhin hatte er sie, ohne zu zögern, auf seinem Schiff aufgenommen und ihren gebrochenen Flügel verarztet. Und zwei zusammen zu zweit waren zweimal besser als zweimal einer, der einzeln einsam war. »Oje, jetzt dichte ich auch schon so verrückte Schiffschlaflieder, das Schaf muss mich angesteckt haben!«, denkt Meerrettich.

Als sie wieder aufs Boot geflattert kommt, sieht sie sehr entschlossen aus. Rülpsend landet sie auf Mährinos Schulter.

Das Schaf verdreht den Hals, um Meerrettich in die Augen sehen zu können. »Und, fliegst du jetzt fort?«

Meerrettich zwickt Mährino ins Ohr. »Ich bleibe fürs Erste, du Schafskopf – unter folgenden Bedingungen: Für mich nur noch Fisch statt Seetang. Und Freiflug nach Belieben. Und keine Familiengeschichten mehr! Dann schipper ich weiter mit dir über die See und wir können zusammen … anderen helfen oder so. Schließlich bist du Supermäh. Und ich bin schon vom Namen her die Retterin der Meere.«

Mährinos Gesicht leuchtet vor Freude so rot wie ein Pavianpopo. »Das ist die beste Idee, seit mein Opa Mähgnum die selbstscherende scharfe Schafschermaschine erfunden hat …« Ein strenger Blick von Meerrettich lässt ihn verstummen. »Okay, okay, keine Familiengeschichten mehr. Wir schreiben von jetzt an unsere eigenen Geschichten.«

Er reckt einen Vorderhuf in die Luft. »Bist du in Not? Fühlst du dich bäh? Ruf Meerrettich und Supermäh! Schallala und Heuhaufen ahoi!«

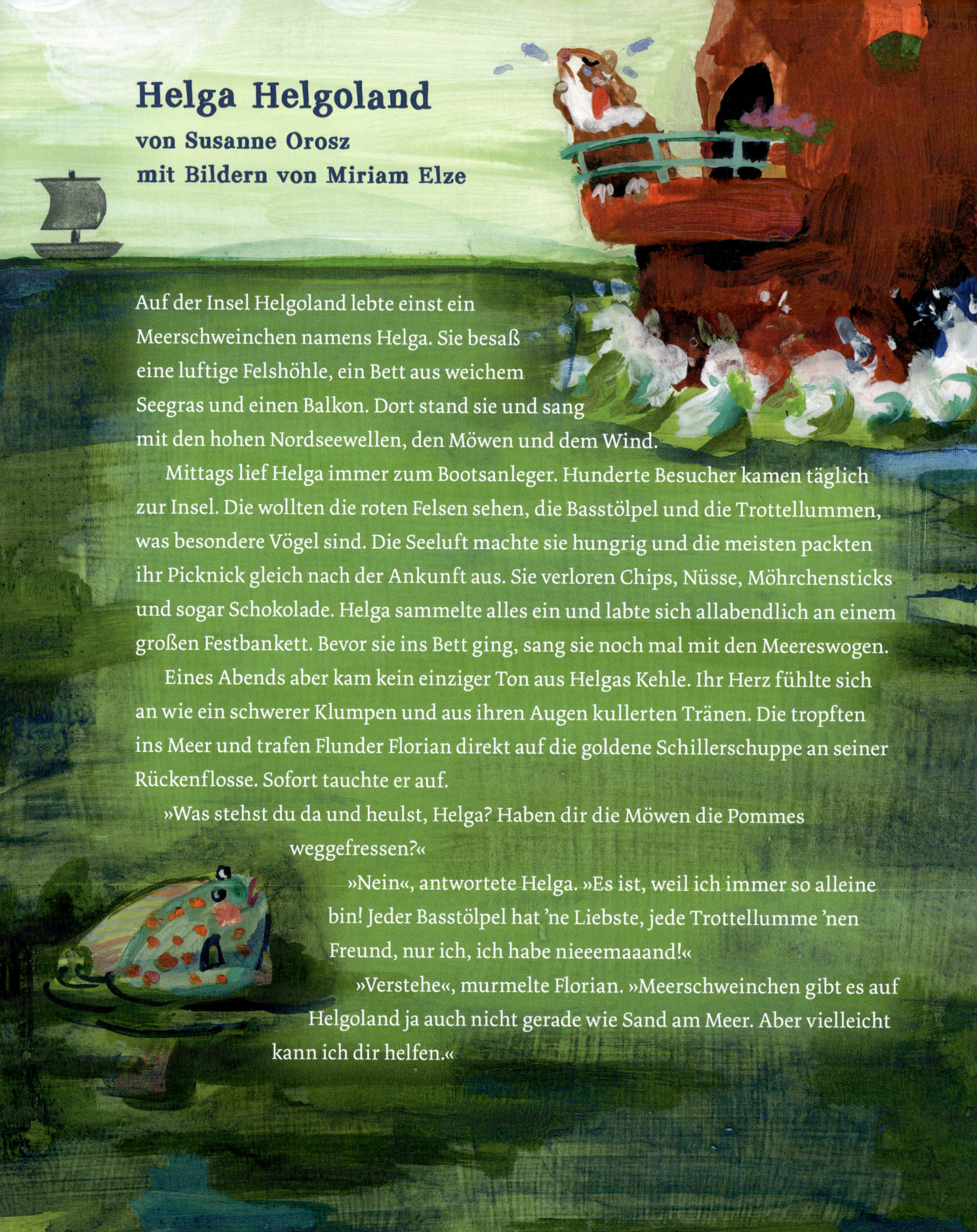

Helga Helgoland
von Susanne Orosz
mit Bildern von Miriam Elze

Auf der Insel Helgoland lebte einst ein
Meerschweinchen namens Helga. Sie besaß
eine luftige Felshöhle, ein Bett aus weichem
Seegras und einen Balkon. Dort stand sie und sang
mit den hohen Nordseewellen, den Möwen und dem Wind.

Mittags lief Helga immer zum Bootsanleger. Hunderte Besucher kamen täglich
zur Insel. Die wollten die roten Felsen sehen, die Basstölpel und die Trottellummen,
was besondere Vögel sind. Die Seeluft machte sie hungrig und die meisten packten
ihr Picknick gleich nach der Ankunft aus. Sie verloren Chips, Nüsse, Möhrchensticks
und sogar Schokolade. Helga sammelte alles ein und labte sich allabendlich an einem
großen Festbankett. Bevor sie ins Bett ging, sang sie noch mal mit den Meereswogen.

Eines Abends aber kam kein einziger Ton aus Helgas Kehle. Ihr Herz fühlte sich
an wie ein schwerer Klumpen und aus ihren Augen kullerten Tränen. Die tropften
ins Meer und trafen Flunder Florian direkt auf die goldene Schillerschuppe an seiner
Rückenflosse. Sofort tauchte er auf.

»Was stehst du da und heulst, Helga? Haben dir die Möwen die Pommes
weggefressen?«

»Nein«, antwortete Helga. »Es ist, weil ich immer so alleine
bin! Jeder Basstölpel hat 'ne Liebste, jede Trottellumme 'nen
Freund, nur ich, ich habe nieeemaaand!«

»Verstehe«, murmelte Florian. »Meerschweinchen gibt es auf
Helgoland ja auch nicht gerade wie Sand am Meer. Aber vielleicht
kann ich dir helfen.«

»Keiner liebt mich!«, schluchzte Helga.

»Hör auf zu flennen! Mir fallen davon noch alle Schuppen aus.« Florian wackelte mit der Rückenflosse. »Die Möwen erzählen von einem Meerschweinchen, das weit weg in Hamburg lebt. Sie heißt Tabea Butenschön und ist eingesperrt im Verlies eines Konzerthauses, das einer Nordseewelle gleicht.«

Helga hörte zu weinen auf. »Bring mich sofort zu ihr!«, sagte sie.

»Gern, aber das Verlies liegt in einem Labyrinth aus finsteren Gängen. Darin haben sich schon viele verirrt und sind nie wieder aufgetaucht. Außerdem braucht man einen Zauberspruch, um Tabea zu befreien.«

»Ist mir egal. Tabea – ich komme!«

Helga schleppte ihre alte Tigerentenbrotdose aus der Höhle, schubste sie ins Wasser und hüpfte hinein. An einem langen Halm aus Küstengras zog Flunder Florian sie übers Meer. Einen Tag, eine Nacht und wieder einen Tag und noch eine Nacht dauerte die Reise. Zum Glück hatte Helga vier große Gurkenscheiben dabei. Im Morgengrauen des dritten Tages erreichten sie Hamburg und Helga ging an Land. Ihre Brotdose versteckte sie hinter einem Hafenpoller.

»Wo ist denn nun das Verlies?«, wollte sie von Florian Flunder wissen.

»Keine Ahnung. Ich hab dir erzählt, was ich weiß. Finden musst du Tabea schon allein. Hier! Ich geb dir meine goldene Glitzerschuppe. Sie bringt Glück.«

Florian schleuderte seine schillernde Schuppe hoch und sie blieb – »Pling!« – an Helgas Nasenspitze klebte. Dann tauchte er im braunen Elbwasser ab und Helga stand meerschweinchenseelenallein am Kai. Gegenüber quietschten Ladekräne und Schiffe tuteten.

Helga fröstelte. Sie trippelte die Landungsbrücke zur Straße hoch und lief dort einfach der Schuppe auf ihrer Nase nach.

»Ich glaub's nicht! Ein Meerschweinchen!« Ein löchriger Schuh schwebte plötzlich über Helga. Rasch rollte sie sich zur Seite, damit der alte Mann sie nicht platt trat. Arm und grau sah er aus und er hielt sich torkelnd am Laternenmast fest. »Die goldene Glücksschuppe: Schenk sie mir!« Schielend streckte der Mann seinen Finger nach Helgas Nase aus.

»Wenn er mir die Schuppe klaut, find ich Tabea im Leben nicht!«, dachte Helga und duckte sich weg.

»Bitte!«, krächzte der Alte.

Helga seufzte. Wie schrecklich, wenn man sich von ganzem Herzen Glück wünschte und es nicht bekommen konnte. Helga hielt still und ließ sich die Schuppe von der Nase pflücken. »Wie wunderbar, wie tausendschön!«, freute sich der Mann. »La Paloma, ohe!«, sang er lauthals.

Helga rannte einfach weiter. »Pling!« machte es und sie hatte eine neue Glitzerschuppe an der Nase. Die war sogar etwas größer als die erste.

Helga trippelte durch eine bunte Straße. Auf der Treppe vor einem roten Haus saß ein Pudel. Ratlos kratzte er mit der Pfote an seiner goldenen Haartolle. »Hast du meine Zeitung gesehn?«, wollte er wissen. »Normalerweise steckt sie im Briefkasten von meinem Frauchen. Ich zieh sie immer raus und bring sie ihr.«

»Zeitung?«, keuchte Helga. »Ich such was ganz anderes: ein Konzerthaus. Es sieht aus wie eine Nordseewelle.«

»Die Elbphilharmonie!«, sagte der Pudel. »Die kennt hier jeder Welpe. Könntest du vielleicht eine neue Zeitung für mich kaufen? Bitte!«

Helga seufzte. Aber weil der Pudel freundlich war, begleitete sie ihn zum Kiosk und bezahlte mit ihrer Glitzerschuppe. Der Pudel nahm die Zeitung mit dem Maul.

»Da, da ist es ja!«, rief Helga plötzlich. Auf der Titelseite prangte ein Foto des Konzerthauses: unten roter Backstein, oben glitzernd blaues Glas. »Die Welle mit Musik, das Haus mit Verlies!« Vor Aufregung brachte Helga alles durcheinander.

Der Pudel breitete die Zeitung aus. »Da steht was über ein Meerschweinchen namens Tabea Butenschön. Sie ist das Maskottchen des berühmten Dirigenten Sir Simon Simpson, der heute ein Konzert gibt. Tabea hat er sogar bei den Proben dabei, weil er glaubt, dass er ohne sie keine gute Musik machen kann.«

»Er hält sie in einem dunklen Gang gefangen, aber ich befreie sie!«, rief Helga.

»Gute Idee!«, fand der Pudel. »Am besten fragen wir Rick. Der kennt sich aus mit dunklen Gängen.«

Der Pudel nahm Helga mitsamt Zeitung ins Maul und flitzte den Elbhang hoch. An einem Haus mit drei Giebeln setzte er sie ab.

»Rick-ick-ick! Hallo-lo-lo?«, echote des Pudels Stimme durch ein vergittertes Kellerfenster.

»Jo-jo-jo!«, kam die Antwort. Es klang ungefähr so, als würde man in Helgas leere Brotdose sprechen. Eine schwarzgraue Ratte streckte ihren Kopf durch die Gitterstäbe.

»Hej, hallo, Pudel, schön, dich zu sehn.

Habe leider keine Zeit, das musst du verstehn!

Mein Rap soll heute Abend fertig sein

und ich suche und ich suche ...«

»... den passenden Reim!«, reimte Helga. »Lass es ratteln, lass es rütteln, zeig
den richtigen Dreh. Sag der Trübsal ade, sing
La Paloma, ohe!«

»Pling!« – und Helga hatte eine neue Glitzerschuppe an der Nase. Zum Dank für den Reim brachte Rick sie sofort zur Elbphilharmonie. Sie lag direkt am Wasser und sah imposanter aus als die größte Flutwelle der Nordsee.

Helga staunte: »Es muss wunderbar sein, da drinnen Musik zu hören.«

»Gib Gummi!«, riet Rick. »Gleich fängt die Probe an. Der Lift bringt dich in den elften Stock. Halte dich rechts, dann links, geradeaus und wieder links.«

Helga flitzte zum Aufzug. Sie musste Tabea finden, bevor Simon Simpson sie zur Probe holte! Helga rannte rechts, links, geradeaus und links. Schon stand sie vor dem Lager, aus dem die Musikerinnen gerade ihre Instrumente holten: ein großes Glockenspiel und Gongs aus Bali, einen Kontrabass aus Bayern, Rasseln und Samba-trommeln aus Brasilien. Neben einer silbernen Harfe entdeckte Helga den Käfig mit Tabea. Ihr Fell war weiß wie Schnee und voller aufregender Wirbel.

»Da bin ich!«, keuchte Helga.

»Das seh ich. Und was willst du?« Tabea blinzelte mit ebenholzschwarzen Wimpern durch die Käfigstäbe.

Helga plusterte ihr Fell auf. »Dich befreien. Komm mit mir nach Helgoland!«

»Bist du verrückt? Ich flieg mit Simon nach Paris, New York und Tokio. Wir wohnen in Hotels mit Schwimmbad und schmausen an Frühstücksbuffets mit Cerealien!«

»Pah!«, rief Helga und die Glitzerschuppe auf ihrer Nase glühte. »Meine Höhle ist aus rotem Fels, ich bade in der Nordsee und zum Frühstück esse ich Chips!«

»Wie interessant«, entgegnete Tabea. »Machst du denn auch Musik?«

»Ich singe mit den Möwen und Meereswogen!«

»Das klingt wunderbar! Aber wie komme ich hier raus? Kennst du etwa den Zauberspruch?« Tabea Butenschöns Nase zuckte aufgeregt.

Mist, der Spruch! Den hatte Helga ganz vergessen. Sie überlegte und überlegte. Was konnte es sein?

»Wammm-wamm-wamm«, waren draußen Schritte zu hören.

»Zu spät!«, flüsterte Tabea. »Simon kommt.«

Im nächsten Moment fiel ein riesenhafter schwarzer Schatten auf Helga und ein Lackschuh schwebte über ihr. »Trübsal ade, sing La Paloma, ohe!«, entfuhr es Helga vor Schreck. »Pling!« – da sprang die Käfigtür auf und Tabea hüpfte direkt in Helgas ausgebreitete Pfoten.

»Lass uns abhauen!«, rief Tabea.

Die beiden Meerschweinchen flitzten an Sir Simpson vorbei zum Aufzug und düsten in die Tiefe.

Am selben Abend brachte Flunder Florian die Brotdose mit Helga und Tabea nach Helgoland zurück. Drei Tage und drei Nächte dauerte die Reise. Nachdem sie sich ausgeruht hatten, fingen Helga und Tabea ihr neues Leben an: Sie sangen mit Möwen, Meereswogen, Basstölpeln und Trottellummen, frühstückten, wann immer es ihnen passte, kuschelten im Seegrasbett und hatten es schön bis an ihr Lebensende.

Von Sir Simon Simpson aber las man wenig später in der Zeitung: Er habe sein Meerschweinchen gegen einen schillernden Glücksbringer eingetauscht. Fortan dirigierte er mit goldener Glitzerschuppe am Ärmelaufschlag.

Der Piratenschatz

von Maren von Klitzing
mit Bildern von Volker Fredrich

Wir hatten Papa-Wochenende. Meine Schwester Fenja und ich saßen in Paps' Küche am kleinen runden Tisch. Genau drei Stühle passten daran. Paps' Wohnung war winzig. Wenn wir bei ihm waren, schliefen Fenja und ich in einem Zimmer. An den Wochenenden war das okay. Fenja und ich konnten dann immer vor dem Einschlafen miteinander reden.

»Also, was wollen wir heute machen?«, fragte Paps und schaute erwartungsvoll in die Runde.

»Wollen wir auf den Dom gehen?«, fragte ich. »Die Geisterbahn soll echt gut sein.« Das hatte jedenfalls Anton erzählt, der in der Schule neben mir saß. »Voll gruselig!«

»Ich weiß nicht, Matthes«, erwiderte Paps und betrachtete intensiv seinen Kaffeebecher. »So ein Dombesuch ist nicht gerade umsonst.«

»Wir könnten ins Kino gehen«, schlug Fenja vor. »Vielleicht läuft irgendwo das Sams.«

»Den Film kennst du doch schon«, sagte Paps. »Wie wäre es stattdessen mit einem schönen Spaziergang?«

Ich seufzte. Das war nun wirklich ein grottenlangweiliger Vorschlag. Auch Fenja verzog den Mund. »Spazierengehen ist doof«, maulte sie.

»Ich kenne einen Piraten, den könnten wir mal besuchen«, sagte Paps.

»Du kennst einen echten Piraten?« Ich verschluckte mich beinahe am Müsli.

»Na ja, ›kennen‹ ist vielleicht übertrieben«, erwiderte Paps. »Er war der berühmteste Pirat unserer Stadt.«

»Ist er denn tot?«, fragte Fenja.

»Genau genommen ist er aus Stein«, sagte Paps. »Er ist eine Statue, aber der Pirat hat früher wirklich gelebt.«

»Wie heißt er denn?«, fragte ich.

»Klaus Störtebeker«, erwiderte Paps. »Er überfiel Handelsschiffe und raubte sie mit seiner Bande aus. Aber seinen Piratenschatz hat man bis heute nicht gefunden. Also, was denkt ihr?«

»Ja, lass uns zu diesem Piraten fahren«, sagte ich. »Ich will wissen, wie der ausgesehen hat.«

»Und vielleicht finden wir auch seinen Schatz!«, sagte Fenja.

»Wenn wir den Schatz finden, gehen wir auf jeden Fall auf den Dom«, sagte Paps lächelnd. »Dann fahren wir Riesenrad, gehen in die Geisterbahn und essen Schmalzgebäck, bis wir platzen.«

»Abgemacht«, sagte Fenja.

Draußen war es kalt und regnerisch. Ich zog meine Mütze tief über die Stirn und Paps klammerte sich an seinen Regenschirm. Nur Fenja sprang vergnügt in jede einzelne Pfütze, sodass es nach allen Seiten spritzte. Zum Glück hatte sie Gummistiefel an. Es waren kaum Leute unterwegs, was ja kein Wunder war bei dem Wetter.

Fenja entdeckte die Statue zuerst. Sie stand ganz in der Nähe einer Brücke. »Da steht der Pirat!«, rief sie und rannte los. Ich lief hinterher.

Klaus Störtebeker hatte ich mir groß und verwegen vorgestellt. Aber dieser Pirat war eher schmächtig und er blickte entschlossen zur Seite. Als wolle er auf keinen Fall sehen, was vor ihm stand. Er sah ziemlich unzufrieden aus und ich fragte mich, was er wohl hatte.

Fenja hatte es schnell entdeckt. »Der ist ja gefesselt!«, rief meine Schwester.

Da sah ich es auch: Seine Hände waren mit einem Strick zusammengebunden.

»Was ist denn passiert?«, fragte ich Paps.

»Tja, ähm«, druckste Paps herum. »Er und seine Leute wurden gefangen und ins Gefängnis gebracht.«

»Kein Wunder, dass er traurig ist«, sagte Fenja. Mir tat Klaus Störtebeker auch leid. Aber ich fragte mich auch, was passieren würde, wenn er plötzlich lebendig würde. Wäre er freundlich zu uns oder würde er Paps die Brieftasche abnehmen?

Fenja bückte sich und sammelte etwas vom Boden auf. »Ich habe ihn!«, verkündete sie.

»Was hast du?«, fragte Paps.

»Den Piratenschatz!«, rief sie und streckte die Hand aus. »Ich habe ein Fünfzig-Cent-Stück gefunden!« Sie ging damit zu Störtebeker und legte es ihm vor die Füße. »Hier hast du deinen Schatz zurück.«

Paps lächelte. »Er ist bestimmt einverstanden, wenn du das Geld behältst«, sagte er. »Man erzählt sich nämlich, dass die Piraten ihre Schätze mit den Armen geteilt haben, und du bist ja nicht gerade reich.«

»Meinst du?« Fenja überlegte kurz, dann steckte sie das Geldstück ein. »Vielen Dank, das ist sehr nett von dir«, sagte sie und streichelte den Fuß des Piraten.

Die ganze Statue war aus graugrünem Stein, doch nun geschah etwas Merkwürdiges; für einen winzigen Moment leuchtete der Piratenfuß golden auf. Schnell blickte ich zum Himmel, weil ich dachte, dass das ein Sonnenstrahl gewesen war. Aber überall hingen nur graue Wolken. Ich starrte den Piraten an. Das war wirklich seltsam. Denn auf einmal fand ich, dass Störtebeker auch ein bisschen fröhlicher aussah. Jetzt spinne ich völlig, dachte ich.

»Lasst uns zurückgehen«, sagte Paps. »Ich mache uns heißen Kakao.«

»Tschüss, Pirat«, rief Fenja. »Wir besuchen dich bald wieder!«

An diesem Abend, als wir in unseren Betten lagen, erzählte ich meiner kleinen Schwester, was ich gesehen hatte. »Sein Fuß hat plötzlich ganz golden geleuchtet. Er wollte bestimmt, dass du die Münze mitnimmst.«

Fenja kicherte. »Ich habe es auch gesehen. Und als ich gegangen bin, habe ich mich noch einmal umgedreht und da hat er mir zugezwinkert.«

»Ja, klar«, sagte ich. »Und dann ist er vom Sockel gesprungen und zu seinem Schiff gelaufen.« Fenja und ich mussten lachen.

»Das habe ich mir eben ausgedacht«, gab Fenja zu. Ich nickte. Trotzdem war das alles kein Zufall gewesen, davon war ich überzeugt.

Am nächsten Morgen zeigte Fenja mir die Münze. »Schau mal, die sieht ganz anders aus.«

»Das ist ja verrückt!« Ich nahm die Münze in die Hand. Sie war viel schwerer als gestern und dicker war sie auch. »Sie sieht uralt aus«, sagte ich. »Wie ... Wie aus einem Piratenschatz!«

»Das hat bestimmt Klaus Störtebeker gemacht«, sagte Fenja. »Vielleicht konnte er ein bisschen zaubern.«

»Das müssen wir Paps zeigen«, sagte ich. »Wahrscheinlich ist die richtig wertvoll!«

»Können wir jetzt auf den Dom gehen?«, fragte Fenja.

»Ich glaube schon«, antwortete ich.

Ein Dombesuch, das wäre natürlich toll. Dann könnten wir Riesenrad fahren, in die Geisterbahn gehen und ganz viel Schmalz-gebäck essen. Aber noch viel besser war es, einfach mit unserem Paps einen Spaziergang zu machen. Wer weiß, welche Abenteuer uns dabei noch erwarteten?

Meerkönig Rauschilus und das Geheimnis der Schneckenhäuser

von Annette Mierswa
mit Bildern von Constanze Spengler

Schon lange bevor die ersten Menschen lebten, gab es die Wasserschnecken. Sie wohnten im Meer. Und wenn sie starben, blieben ihre schönen Gehäuse einfach auf dem Meeresgrund liegen. Die waren viel dicker und schwerer als die Gehäuse der späteren Landschnecken. Manche wurden von Einsiedlerkrebsen bewohnt, aber die meisten ließ der Meerkönig Rauschilus einsammeln. Er bewahrte sie in seiner Schatzkammer auf und niemand wusste, was er mit ihnen vorhatte. Der König aber hatte dunkle Vorahnungen, und wenn er nach dem Nutzen der Schneckenhäuser gefragt wurde, sagte er:

»Es wird eine Zeit kommen, in der sie unsere einzige Hoffnung sein werden.«

So vergingen viele Tausend Jahre, ohne dass etwas geschah. Neue Lebewesen entstanden und pflanzten sich fort, bis eines Tages die ersten Menschen die Erde bevölkerten. Zu Beginn fügten sie sich noch ganz gut in die Natur, aßen Beeren und Pilze und fingen ein paar Fische. Aber mit der Zeit wurden sie immer habgieriger, erfanden Taucheranzüge und bauten Boote, mit denen sie bis zum Meeresgrund vordringen konnten. Sie raubten dem Meerkönig alles, was sie erbeuten konnten. Seine geliebten Korallenriffe wurden geplündert, seine besten Freunde, die Wale, fast ausgerottet. Nach einiger Zeit begannen die Menschen auch, ihre Abfälle einfach ins Meer zu werfen – und die königliche Putzkolonne kam kaum noch dagegen an. Bald bedeckte ein schmieriger dunkler Film das gesamte Königreich. Da rief König Rauschilus seine Untertanen zu sich und sprach:

»Jetzt ist der Zeitpunkt gekommen, die Schneckenhäuser einzusetzen.«

Und er beauftragte seine Untertanen, den Schneckenhäusern ihre süßesten

115

Gesänge über die Schönheit des Meeres einzuflüstern und sie dann den Menschen zuzuspielen, damit diese ein Einsehen hätten. Die Gehäuse wurden über den gesamten Meeresboden, besonders aber in Ufernähe verteilt, um es den Menschen leicht zu machen, sie zu finden. Sie wurden auch schon bald entdeckt und herausgefischt. Doch der König hatte nicht bedacht, dass die meisten Menschen taub waren für die Poesie des Meeres. Sie interessierten sich lediglich für den Gewinn, der sich mit den Schneckenhäusern erzielen ließ. Die Gesänge der Meeresbewohner hielten sie für das Rauschen ihres eigenen Blutes, das im Gehäuse der Schnecken widerhalle. Die Einzigen, die die Botschaft verstanden, waren die Kinder. Sie hielten sich die Schneckenhäuser an die Ohren und lauschten der wundervollen Musik. Aber leider hatten sie keinen Einfluss auf die Entscheidungen, die über das Schicksal des Meeres gefällt wurden.

Und so hofft der Meerkönig bis zum heutigen Tage darauf, dass die Menschen sich an die Botschaft aus ihrer Kindheit erinnern und endlich ein Einsehen haben.

Rauschilus' Lied

Text: Annette Mierswa   Musik: Wolfgang Vogler

1. Hört, wie wir le-ben im rau-schen-den Meer, kommt gern auf ei - nen Al-gen-tee her. Das See-gras wogt, es singt der Wal, ein Fisch-schwarm schil-lert im Wel - len - tal.

2. Der Rochen schwenkt die edlen Flossen,
   der Tag wird mit salzigem Nass begossen.
   Freier Eintritt im Korallengarten,
   darüber tausend Quallenarten.

3. Perlen, die aus Muscheln blinken,
   Krabben, die mit Scheren winken.
   Delfine tanzen durch die Fluten
   wie auf weißen Meerschaumstuten.

4. Hat dich je die Meeresmuse geküsst?
   Oder morgens ein Glitzern dich begrüßt,
   wie von tausend kleinen Edelsteinen,
   die tausend Silbertränen weinen?

5. War da ein Rauschen, fast ein Singen?
   Wellen, die wie Schellen klingen?
   Dann warst du in unserem Paradies,
   wie Rauschilus es beschreiben ließ.

6. Vielleicht hat er dir vorgelesen
   aus seinem Bilderbuch der Wesen,
   die unsere bunte Welt bestücken
   und immer mehr zusammenrücken.

7. Ein SOS vom tiefsten Grund:
   Es droht der Arten größter Schwund.
   Sei unser Freund und hör den Gruß
   vom Meereskönig Rauschilus.

Kühe können doch nicht schwimmen

von Maike Dugaro
mit Bildern von Anke Hennings-Huep

Obwohl Jokke gerade einmal sechs Jahre alt war, wusste er längst eine ganze Menge über das Leben. Er wusste, was Ebbe und Flut sind. Er wusste, wie viel zwei und zwei ist. Und er wusste, dass Kühe nicht schwimmen können. Doch wie wichtig diese drei Dinge noch werden würden, das wusste er nicht.

Jokke wohnte auf einer Halllig. Das ist so etwas wie eine sehr kleine Insel in der Nordsee. Und weil sie so klein war und nur wenige Meter aus dem Meer herausschaute, wusste Jokke auch längst, was »Land unter« bedeutet. Nämlich, dass er auf keinen Fall mehr aus dem Haus gehen konnte, wenn das Wasser mal wieder die Insel überschwemmt hatte. Wie man auf einer Hallig wohnen kann, fragst du dich? Ganz einfach: Man baut sein Haus auf einer Warft. Das ist so eine Art riesiger Maulwurfshügel, auf dem es bei Flut trocken bleibt.

Im Sommer liebte Jokke das Leben auf der Hallig. Dann suchte er mit seinem Vater nach Bernsteinen im Watt, trieb die Kühe ihres Hofs abends in den Stall zum Melken oder kurvte mit seinem Fahrrad durch die Straßen.

Im Winter allerdings kroch die Einsamkeit aus allen Ritzen der wenigen Häuser auf der Hallig. Sie miefte schon, wenn Jokke morgens aufstand und aus dem Fenster nichts als Grau zu sehen war. Sie lärmte, wenn ein Sturm die Hallig für ein paar Tage vom Festland trennte, und sie legte sich wie eine schwere Decke auf Jokkes Laune. Seine Mutter fand, ein bisschen Abwechslung könne nicht schaden, und schickte ihn für zwei Wochen nach Hamburg zu seinen Großeltern. In der großen Stadt würde Jokke bestimmt auf andere Gedanken kommen.

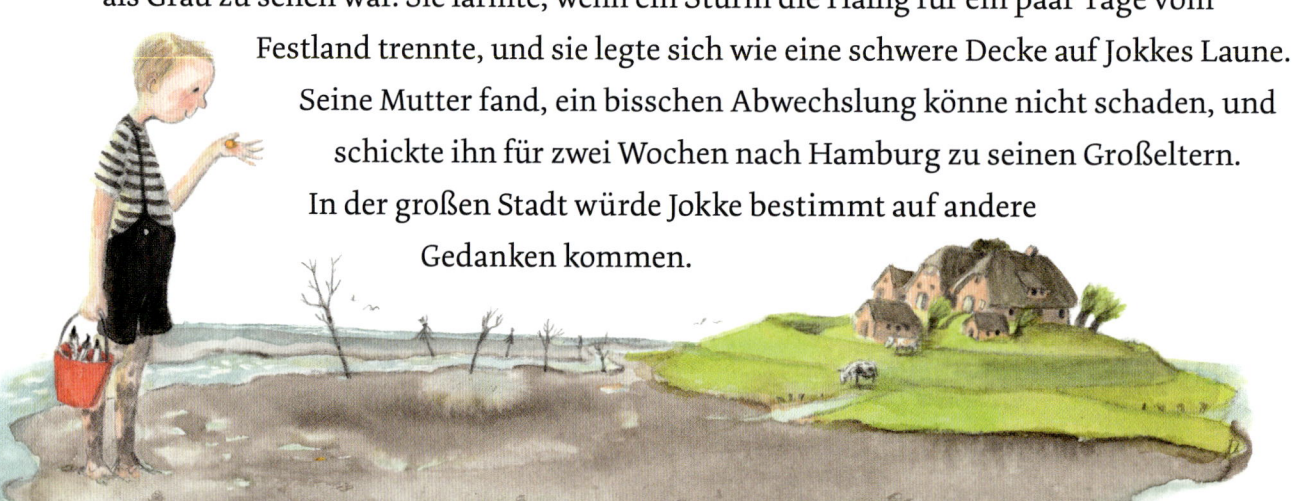

In diesem Winter war es auch in Hamburg besonders kalt. Es sollte sogar einer der strengsten Winter des ganzen Jahrhunderts werden. Jokkes Großeltern wohnten im Hamburger Stadtteil Wilhelmsburg. Auch Wilhelmsburg ist eine Insel. Eine Insel in der Elbe, am Rand der großen Stadt. Dort lebten Jokkes Großeltern im zweiten Stock eines Hauses, das ganz in der Nähe des Bahnhofs stand. Hier saß Jokke am liebsten auf dem Fensterbrett in der Küche und schaute hinaus auf die einfahrenden S-Bahnen und all die Leute, die sich in die Waggons drängten. An besonders kalten Tagen, wenn selbst auf dem Spielplatz der Wind so doll biss, dass das Schaukeln keinen Spaß mehr machte, drückte Jokke bis spätabends seine Nase gegen die Scheibe in der Küche. Er schaute zu, wie die Nachbarin gegenüber kochte und der Postbote die Briefe brachte, während seine Großmutter Vanillepudding anrührte. Und er konnte sich nicht sattsehen an all den Autos – wie sie hielten und hupten, brausten und bremsten. Denn Autos gibt es auf Halligen kaum.

Nach einer Woche kannte Jokke jede Bewegung, die täglich vom Küchenfenster aus zu sehen war. Es war, als blicke er morgens auf die Landschaft einer Modelleisenbahn: Hier war der Bäcker, dort der Taxistand, da vorn fuhr der Zug aus dem Bahnhof und am Ende der Straße standen die Kühe auf der Weide. Gegen zehn brachte der Briefträger die Post und am Abend löschte die Frau aus dem ersten Stock gegenüber immer als Erste das Licht. Jokke kannte sich aus.

Eines Abends fiel es Jokke besonders schwer, seinen Aussichtsposten zu verlassen. Nur mit Mühe schaffte die Großmutter es, ihn ins Bett zu bringen. Jokke konnte nicht einschlafen. Aus der Küche dröhnte das Radio zu ihm herüber. Sein Großvater hatte es besonders laut gedreht. Jokke hörte, wie der Sprecher etwas von einer Sturmflut in der Nordsee erzählte. Sturmfluten kannte Jokke. Für eine Hallig bedeuteten sie Land unter. Manchmal konnte dann tagelang niemand das Haus verlassen und alle Wege zum Festland waren unterbrochen. Aber auf ihrer Warft waren sie immer sicher. Die Kühe im Stall und er mit Mama und Papa im Haus. Jokke dachte an seine Eltern und schlief ein.

Als er aufwachte, war es dunkel. Und still. Seine Großeltern schliefen noch. Jokke tapste in die Küche, kletterte auf die Fensterbank und sah aus dem Fenster. Es schienen noch alle zu schlafen. Die Nachbarin von gegenüber, der Postbote und auch der Bäcker. Es musste mitten in der Nacht sein.

Aber irgendetwas war anders als sonst – das bemerkte Jokke sofort. Etwas auf der Straße. Er erkannte nur nicht genau, was, weil es so dunkel war. Er schaute genauer hin. Und dann begriff er: Die Straße war nicht mehr da. Sie war verschwunden. Dort, wo der Briefträger mit dem Fahrrad entlanggefahren war und die Autos gehupt hatten, war nur noch Wasser. Überall Wasser! Jokke rieb sich die Augen. Er musste wirklich sehr müde sein. Er schaute noch einmal aus dem Fenster. Aber es stimmte. Es war überall Wasser. Land unter mitten in Hamburg. Dabei war das Meer doch weit entfernt.

Das Wasser reichte am Haus gegenüber bis fast an die Fenster des ersten Stocks. Die Eingangstür war schon nicht mehr zu sehen. Sie haben keine Warft, dachte Jokke. Sie hätten das Haus auf eine Warft bauen sollen.

Und dann erschrak er: die Kühe! Jemand musste die Kühe reinholen. Sie konnten doch nicht schwimmen! Jokke sprang vom Fensterbrett und rannte in das Schlafzimmer der Großeltern. Er sagte es vor sich hin. Zuerst leise, dann immer lauter. Bis er es brüllte: »Die Kühe!«, rief er. »Die Kühe! Jemand muss sie reinholen! Sie können doch nicht schwimmen!«

Der Großvater brummte im Schlaf und die Großmutter murmelte: »Komm unter die Decke. Du hast schlecht geträumt.« Aber Jokke ließ nicht locker: »Steh auf, Oma, die Straße ist weg! Und überall ist Wasser!« Jetzt war die Großmutter wach. Sie sprang fast aus dem Bett und eilte zum Fenster. Und da sah sie, was Jokke gesehen hatte. Das Wasser war inzwischen noch höher gestiegen. Gemeinsam rüttelten sie den Großvater wach. »Wir müssen ganz nach oben«, sagte Jokke. »Aufs Dach! Da kann das Wasser nicht hin.« Jokke kannte sich aus mit Wasser und mit Land unter. Sie zogen sich so viele Kleidungsstücke wie möglich an, um auf dem Dach nicht zu frieren. Dann stiegen sie die letzten zwei Stockwerke nach oben. Unterwegs klopften sie an die Türen der Nachbarn, um sie zu wecken.

Auf dem Dach war es eiskalt. Der Wind schnitt ihnen ins Gesicht. Auch auf den Nachbarhäusern hatten sich Menschen auf die Dächer gerettet. Sie riefen um Hilfe. Nach einer Weile merkte Jokke, dass er müde wurde. Es war schließlich mitten in der Nacht. Aber er durfte jetzt nicht einschlafen. Sie mussten sich bewegen, um warm zu bleiben. Es konnte noch dauern, bis sie hier jemand finden würde. Es gab ja keine Straßen mehr. Jokke schaute sich um. Es war so dunkel, dass man fast nichts sehen konnte. Keine Straßenlaterne brannte, kein Fenster war erleuchtet.
Jokke zitterte und drückte sich fest an Großmutters Bauch. Aus der Ferne hörte er ein Geräusch, das wie ein knurrender Magen klang. Aber er fühlte sich nicht hungrig.
Das Brummen kam immer näher. Es wurde lauter und lauter. Dann sah Jokke es endlich: ein Hubschrauber!

An einem langen Seil ließ sich ein Mann zu ihnen auf das Dach herab und half ihnen in den Helikopter, der wie ein großes Insekt über dem Haus in der Luft schwebte. Als sie alle hineingeklettert und in warme Decken gewickelt waren, schaute Jokke noch einmal nach unten. Nicht nur ihre Straße, ganz Wilhelmsburg war überflutet. Es gab überhaupt keine Straßen mehr. Und auch vom Bahnhof war kaum noch etwas zu erkennen. Ihr Dach ragte aus dem Wasser auf wie eine Insel. Eine Insel in der Elbe. Jokke hielt nach den Kühen Ausschau, die am Ende der Straße auf einer Weide gegrast hatten. Ob sie jemand gerettet hatte? Ob sie auch eine Insel gefunden hatten, auf die sie geklettert waren? Und dann sah er sie. Auf einem Stück Deich, das dem Wasser standgehalten hatte, standen zwei Kühe – und etwas weiter entfernt noch zwei! Zwei und zwei sind vier, dachte Jokke. Und laut rief er: »Sieh doch, Oma, da sind sie!«

Seine Großmutter drückte ihn fest an sich. »Du hast uns gerettet, Jokke. Du und deine Kühe.«

Alter Schwede!

von Anke Girod
mit Bildern von Nele Palmtag

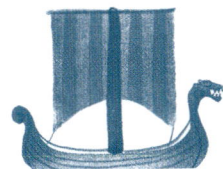

In Hamburg gibt es am Ufer der Elbe einen riesigen Stein, in dem ein kleines Zwergen-Völkchen wohnt. Kleine, wikingerähnliche Männer, Frauen und Kinder, deren Volk schon so alt ist wie der Stein selbst, nämlich sage und schreibe 1,8 Milliarden Jahre! Sie sind sehr robuste, kleine Gestalten, die sowohl unter Wasser als auch an Land leben können und genauso zu dem Stein gehören wie Schnecken zu ihrem Gehäuse, Ameisen zu ihrem Bau oder Bienen zu ihrem Bienenstock. Der Stein gleicht im Inneren einer Mini-Stadt, die wie ein Parkhaus aufgebaut ist. Nur dass auf den vielen Etagen dort keine Autos, sondern hübsche Miniatur-Lehmhäuser stehen. So lebt zurzeit auf Deck 2 bei Nummer 11 zum Beispiel die Familie Wikinger-Carlsson und auf Deck 5, Platz 17, wohnt die Familie Wikinger-Lundsson. Schon die Urururururgroßeltern dieser Familien lebten in diesem Stein. Damals lag er allerdings noch in Südschweden, 1000 Kilometer von Hamburg entfernt.

Wahrscheinlich wurde dieser schwedische Wohn-Stein der winzigen Wikinger mit den Eismassen einer Eiszeit in die Hamburger Gegend »gespült«. Vor vielen Hunderttausenden von Jahren war das. Dort lag er lange tief auf dem Grund der Elbe. Langsam begann das kleine Wikinger-Steinvolk schon, Schwimmhäute zwischen den Zehen und Moos unter den Achseln anzusetzen. Weil sich ihre Körper von Generation zu Generation stärker darauf einstellten, nun für immer ohne Sonne und in einem äußerst feuchten Klima zu leben. Denn wenn der Stein auch weitestgehend wasserdicht war, so hing jetzt immer eine leichte Nässe

in den Wänden. Und manchmal bildete sich sogar die ein oder andere Wasserpfütze dort, wo die Steinwand ein wenig durchlässig war. Ihr schwedischer »Sommerland-Stein«, wie das kleine Wikinger-Steinvolk ihn früher genannt hatte, war durch die eiszeitliche Wanderung zu einem dunklen »Wasser-Grundling« der Hamburger Elbe geworden.

Doch dann passierte eines Tages etwas höchst Erstaunliches. Familie Wikinger-Lundsson von Deck 5 saß gerade beim Essen an ihrem großen, schiefen Holztisch, als die Fackeln an den Wänden plötzlich ausgingen. Die Wände vibrierten, der Boden, die Decke, das ganze Zimmer schien sich zu bewegen! Hätte Vater Lisse Lundsson nicht geistesgegenwärtig den großen Suppentopf auf dem Tisch festgehalten, dann hätten Mutter Märta, die Zwillinge Osse und Klosse, Baby Livi sowie Opa Warsö hinterher wohl alle dicke Bohnen in den Haaren kleben gehabt.

»Hilfe, ein Steinbeben!«, rief Mutter Märta und zog schnell das Baby aus dem Hochstuhl. Osse und Klosse liefen trotz des heftigen Vibrierens die Treppen hoch auf Deck 6, denn dort gab es einen der vielen kleinen, durchsichtigen Gesteins-brocken in der Wand, durch die man nach draußen gucken konnte.

»Eine Riesenschlaufe hat sich um unseren Stein geschlungen!«, rief Osse aufgeregt. »Hui, und jetzt rauschen die Fische nur so im Schnelldurchlauf an uns vorbei. Irgendetwas zieht uns …«

»… nach oben!«, ergänzte Klosse. Die Zwillinge fassten sich an den Händen. Mit ihrer jeweils freien Hand hielten sie ihre Wikingerhelme fest.

Nach einer kräftigen Rauschefahrt wurde es plötzlich hell.

»Da ist Licht, ganz viel strahlendes Licht … Das muss die SONNE sein!«, schnaufte Vater Lisse aufgeregt, der nun auch die Stufen nach oben gerannt kam. »Davon erzählen die uralten Bücher unserer Vorfahren. Als unser Stein noch auf unserem Sommerland in Schweden lag, da gab es sie auch, diese Sonne.«

»Sind wir denn jetzt wieder in Schweden?«, fragte Klosse überrascht und blinzelte in der ungewohnten Helligkeit.

»Wir sind an Land, das soll uns reichen. Auch dies hier ist ein Sonnenland!«, strahlte ihr Vater sie glücklich an. »Nun müssen wir nicht alles ewig mit Fackeln beleuchten. Am Tag wird das Sonnenlicht unseren Stein durchfluten und uns gigantisch schön wärmen. So werden wir auch das olle Moos am Körper wieder los! Ich hole schnell Mama, Livi und Opa, die sollen gleich mal nach draußen sehen, bevor die anderen Familien zum Gucken kommen … Die werden sich alle wikingerhornmäßig freuen!«

Und so kam es, dass am 23. Oktober 1999, nachdem ein Schwimmkran einen riesigen Findling aus den Tiefen der Elbe auf den Strand gezogen hatte, ein kleiner Hamburger Jung namens John für einen Moment das strahlende Lächeln eines Mini-Wikinger-Opas hinter einer durchsichtigen Stelle des Steins sah. Und John rief höchst verblüfft: »Boah – ALTER SCHWEDE!«

Alle Umstehenden lachten, denn es wusste ja niemand, dass dieser Ausruf sogar im zweifachen Sinne ins Schwarze traf. Der Findling am Strand von Övelgönne wurde später tatsächlich »Alter Schwede« genannt. Seine ursprünglich schwedischen Bewohner jedoch haben sich bis heute nie zu erkennen gegeben. Nur manch einer von euch kann jetzt vielleicht erahnen, wie es in Wahrheit in diesem Stein zugeht …

Pauls erste Burg —
ein Biber im Hamburger Hafen

von Inga Marie Ramcke
mit Bildern von Louise Heymans

Das ist Paul, ein Europäischer Biber. Er lebt mit seiner Familie in Hamburg. Neuerdings, denn bis vor zehn Jahren waren die Biber hier ausgestorben. Aber nun probieren einige Mutige unter ihnen, sich wieder nach Hamburg und weiter Richtung Elbmündung zu bewegen. Paul gehört dazu. Mit seinen zwei Jahren zieht er jetzt aus der elterlichen Burg aus, denn der Platz dort wird knapp. Seine Eltern geben ihm ein Handbuch mit, damit er sich alleine zurechtfindet. Paul hält darin auch fleißig seine eigenen Notizen fest.

Biberkörper ✓
Ca. 100 cm ohne Schwanz.

Schwanz ✓
30–35 cm lang und schuppig. Zum Steuern unter Wasser und zum Abstützen an Land. Er enthält Fettreserven für den Winter. Bei Gefahr einfach mit der Kelle (so wird der Schwanz auch genannt) auf das Wasser schlagen. Das ist laut und warnt alle.

Hinterpfoten ✓
Mit Schwimmhäuten zum Schwimmen und einer Doppel-Kralle als Kamm für die Fellpflege!

Doppel-Fell ✓
Zweilagig! Die untere Schicht bleibt auch im Wasser trocken und isoliert gegen Kälte. Aber das Einschmieren nicht vergessen! Womit? Lies weiter! Zum Reviermarkieren und für die Fellpflege gibt es Körperflüssigkeiten mit ganz eigener Duftnote. Durch sie wird dein Fell auch wasserdicht.

PAULS BIBER-BAUMEISTERHANDBUCH

Herzlichen Glückwunsch zum Auszug, Paul! Dieses Handbuch wird dir helfen, dich allein zurechtzufinden. Prüfe kurz, ob du ein Biber in Komplettausstattung bist, und dann geht es los:

Augen ✓
Eingebaute Schwimmbrille inklusive:
Ein durchsichtiges Augenlid schützt
die Augen beim Tauchen.

Ohren ✓
Können unter Wasser
abgedichtet werden.

Nase ✓
Hat eine Direktverbindung
zur Lunge. Das bedeutet:
Gleichzeitiges Kauen, Schlucken
und Atmen ist möglich!

Zähne ✓
Deine Zähne sind hart wie Eisen.
Weil sie Eisen enthalten. Daher kommt
auch die orange Farbe. Außerdem
wachsen sie ständig nach und schärfen
sich automatisch.

Lippe ✓
Dank einer Lücke zwischen Schneidezähnen
und Backenzähnen kannst du den Mund auch hinter
deinen Nagezähnen schließen. Bauarbeiten
beim Tauchen? Null Problemo!

Vorderpfoten ✓
Mit fünf Fingern zum Greifen,
z. B. von Ästen und Steinen oder
Futter im Schlamm wie etwa Seerosen-
wurzeln. Lecker!

15. April

Ich muss ein eigenes Revier finden.
Mein Plan: die Elbe weiter runterschwimmen. Da ist genug Platz,
soweit ich weiß. Traut sich ja eh keiner hin außer mir …

HANDBUCH-TIPP ZUR REVIERSUCHE

Bitte beachten, Paul! Dein Revier muss alles hergeben, was du brauchst:
Futter in Form von Bäumen und Gräsern und ein Platz für deine Burg. Wenn
du dich entschieden hast, markiere das Revier mit deinem eigenen Duft.

ACHTUNG: IM HAMBURGER HAFEN HERRSCHEN EBBE UND FLUT!

Dabei gibt es zweimal täglich Hochwasser und zweimal Niedrigwasser.
Für deinen Biberbau bedeutet das: Lege ihn an einer klugen Stelle an, denn
frei liegende Eingänge können bei Ebbe gefährlich werden: Die sieht jeder!
Außerdem sind Biber nicht für Wattwanderungen durch Matsch gemacht …
Hinter dem Deich ist das Wasser immer gleich hoch. Dort baut es sich
am leichtesten.

15. Mai

Ganz schön schwierig, diese Reviersuche. Es gibt viel Platz und wenig andere
Biber im Hafengebiet. Aber das Wasser steigt und fällt ständig. Da ist volle
Konzentration erforderlich. Habe mich mit dem Strom weitertreiben lassen,
vorbei an einem großen beleuchteten ~~Gebeude~~ Gebäude. Ob das eine

riesige Biberburg ist? Hat aber nicht nach Biber gerochen dort …
Dann kamen mir Schiffe entgegen und ich bin abgebogen, zu einem Ufer
mit Bäumen. Hier könnte ich es versuchen. Allerdings ist ein rötliches
Tier vorbeigeschlichen. Was das wohl war?

ACHTUNG: NACHBARN!

Manchmal sind Nachbarn nett und manchmal anstrengend. In seltenen Fällen
sogar gefährlich, wie etwa der FUCHS!

BESONDERES:	Füchse machen interessante Geräusche und sorgen sich um ihre eigenen Jungen.
GEFÄHRLICH:	Ja! Können Biberbabys klauen, wenn man nicht aufpasst. Vor allem, wenn der Eingang zur Burg im Trockenen liegt.
BAUMEISTER:	Ja! Füchse legen sich einen Erdbau an. Ohne Wasserzugang! Merkwürdige Lebensweise … Andere Tiere leben aber gern mit denen zusammen. Zum Beispiel Dachse.

20. Mai

REVIER GEFUNDEN!!! Ohne Fuchs.
Hoffentlich bin ich auf der richtigen Deichseite.
In ein paar Stunden wird sich das zeigen, denn dann
ändert sich der Wasserstand.

131

RÖHREN UND SASSEN

Revier gefunden, Paul?! Als Erstes legst du Biberröhren und Sassen an.
Vorhandene Bisamrattenröhren können leicht erweitert oder eigene Röhren
(anstrengender) angelegt werden. Sassen sind Kuhlen im Revier, die du für
kurze Ruhepausen nutzen kannst, ohne entdeckt zu werden.

25. Mai

Bin auf der richtigen Deichseite!  Die letzten Ecken des Reviers sind markiert.
Schön viele Bäume gehören dazu, also habe ich für alle Fälle genug Bauholz.
Dafür bin ich ganz schön weit geschwommen.
Jetzt wünsche ich mir eine Biber-Dame, die mit einzieht.

6. Juni

Hier ist tatsächlich jemand vorbeigeschwommen!
Und ich meine nicht die Containerschiffe. Sie heißt Sally und riecht sehr gut.
Ich hab Pappeln, das hat sie überzeugt, glaube ich.
Und nun?

DIE VERSCHIEDENEN BAU-ARTEN

- Eine Wohnhöhle, die in das Ufer gegraben wird.
  Sie wird auch ERDBAU genannt. ✔
- Eine Burg, die halb im Wasser, halb an Land
  steht. Sie wird MITTELBAU genannt.
- Wenn die Burg komplett im Wasser steht,
  wird sie KNÜPPELBAU genannt.

BAUMATERIAL

- Schlamm für Fundament
  und Außenwände
- Steine
- Bäume für Fundament,
  Wände, Fußboden
- Äste
- Schilf

7. Juni

Für unseren Flussabschnitt eignet sich ein Erdbau,
    findet Sally. Los geht's!

BIBERBURG-BAUANLEITUNG

Erst mal sind Unterwasser-Arbeiten angesagt: Mit den Vorderpfoten wird
der geheime Eingang in das Ufer gebuddelt. Unsichtbar für alle anderen!
Um den Bauschutt kümmert sich die Strömung. Dann geht es schräg
nach oben weiter, sodass eine Röhre entsteht, die später der Flur wird.
Sobald die Pfoten beim Buddeln trocken bleiben, kannst du erst mal aufhören und schauen, ob alles auch bei Hochwasser im Trockenen liegt.
Für das Wohnzimmer wird der Flur verbreitert. Verteile selbst
gemachte Holzspäne auf dem Fußboden.

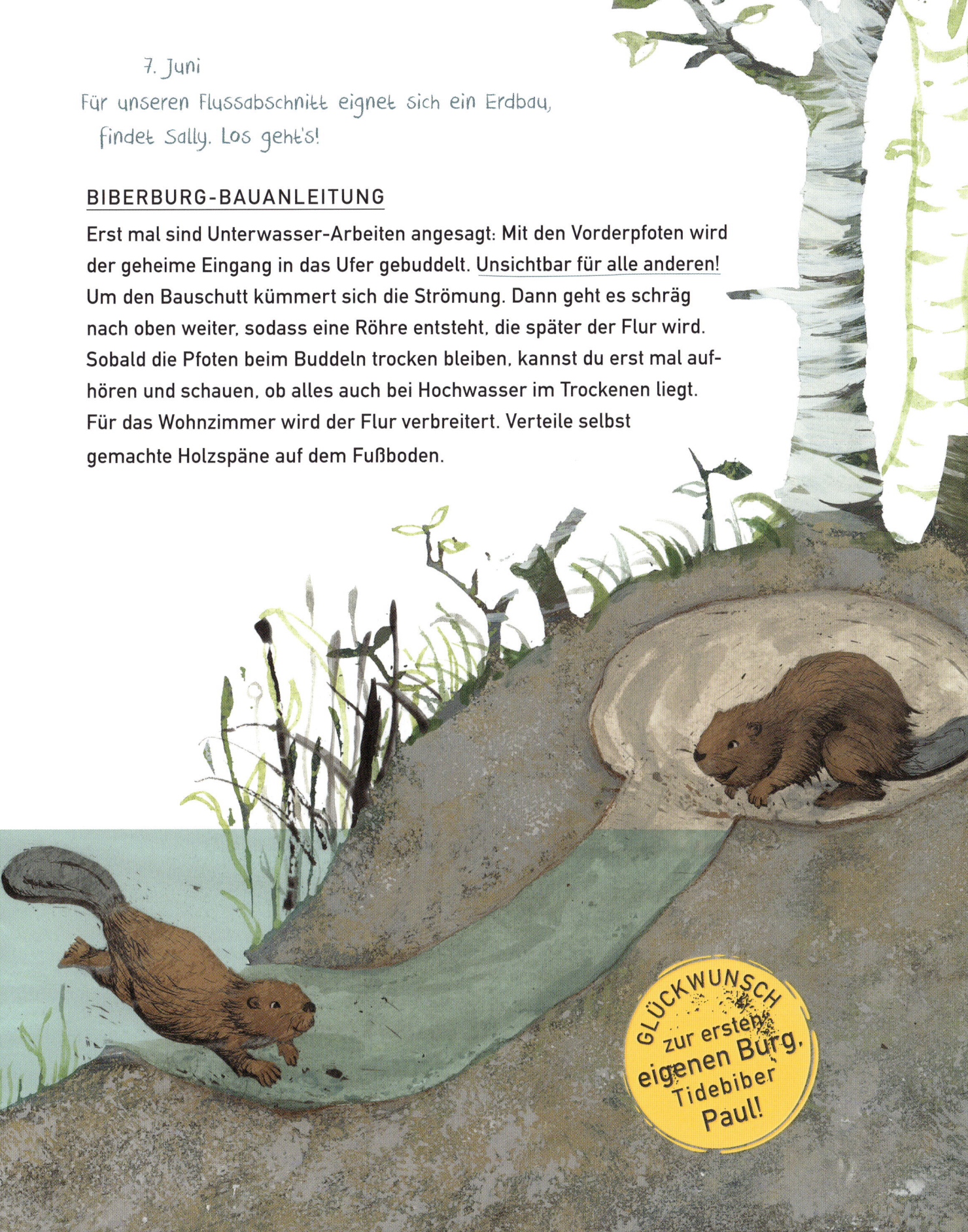

GLÜCKWUNSCH
zur ersten
eigenen Burg,
Tidebiber
Paul!

Schifffahrt mit Marie

von Cornelia Manikowsky
mit Bildern von Volker Fredrich

Lorenz hat einen großen Bruder. Der heißt Malte.

Malte hat immer riesengroße Hosen an. Und er muss immer chillen und dabei Musik hören. Und in den Haaren hat er Glibber.

Tonnenweise. Sagt Lorenz.

Blödsinn. Sagt Malte.

Wegen Marie. Sagt Lorenz.

Klappe halten. Sagt Malte.

Da passiert es: Glibber tropft auf den Boden.

Ihh, wie eklig. Sagt Lorenz.

Quatsch. Sagt Malte. Und rutscht aus. Lorenz will ihn noch festhalten. Doch Malte ist schneller. Er glibbert einfach weg. Mit Lorenz.

Die Treppe runter.

Durch die Tür, mit Karacho.

Auf die Straße.

Da steht der Gehwagen von Frau Schulze. Den nehmen sie gleich mit. Frau Schulze natürlich auch. Und ihren Handtaschenhund und die Handtasche und den Regenschirm.

Um die Ecke rum.

Da steht eine Mülltonne. Die nehmen sie auch mit. Und den Müllmann noch dazu.

Geradeaus.

Da kommt ein fescher Kurier von der Seite. Der kommt ebenso mit. Mit seinem Fahrrad, versteht sich.

Einen Berg hoch. (Jetzt beginnt Lorenz, sich über den Glibber zu wundern.)

Da steht Marie. Auf Inlinern. Die nehmen sie erst recht mit. Marie also auch! Auf der anderen Seite des Berges wieder runter.

Da ist ein Fluss.

Groß. Breit. Wild. Mit einem Schiff, direkt vor ihnen. Das nehmen sie auch mit. (Oder nimmt das Schiff sie mit?)

135

Mit fünfundfünfzig Matrosen, drei Maschinisten und einem Kapitän. Und einem Swimmingpool, weil Matrosen auch mal Pause machen. Unten im Schiff lebt außerdem ein Klabautermann. Aber den hat noch niemand so richtig sehen können.

Der Müllmann springt gleich in den Swimmingpool. Und der Handtaschenhund von Frau Schulze springt hinterher.

Frau Schulze bestellt sich einen Kaffee mit Rum. Und auch einen für den Kapitän, weil der so nett aussieht.

Der fesche Kurier hat noch eine wichtige Verabredung und fliegt mit Frau Schulzes Regenschirm davon.

Marie nimmt sich die Glibbertube, um endlich ihre Inliner zu schmieren.

Und Lorenz und Malte setzen sich in eine Taurolle und erzählen den drei Maschinisten von ihrem Abenteuer. (Der Klabautermann hört heimlich zu.)

Die Stadt wird immer kleiner. Und dann ist keine Stadt mehr zu sehen und dann ist auch kein Land mehr zu sehen und mit einem Mal ist es still: Frau Schulze und der Kapitän haben ihre Kaffeetassen abgesetzt, der Müllmann und der Handtaschenhund haben aufgehört, zu schnauben und zu prusten, der fesche Kurier, der wieder zurückgeflogen ist, schwingt lautlos an Frau Schulzes Regenschirm in der Luft, sogar der Wind hat aufgehört zu pfeifen und die Wellen schlagen nur noch leise plätschernd an die Bordwand. Lorenz und Malte sehen sich um.

Zwischen den Tauen und Bodenluken und Rettungsringen gleitet Marie über das Deck. Mit den frisch geschmierten Inlinern. Wie schön sie aussieht!

Keiner bewegt sich. Sogar der Klabautermann vergisst, weiter in der Nase zu bohren. (Aber das interessiert jetzt sowieso niemanden.)

Möwe ahoi!

von Uticha Marmon
mit Bildern von Lena Hällmayer

Grau lag der Morgen über der Stadt. Es nieselte leicht – **didididididididid,** machte der Regen auf dem Asphalt. Das Wasser des Flusses tief unten floss rasch und mit leisem Rauschen – **schrauschrauschrrrrrraau** – dahin. Richtung Meer.

Der Hafen arbeitete wie immer, als plötzlich ein Geräusch die Luft zerriss.

Äärks!

Fiete, der bis eben geschlafen hatte, zog den Schnabel aus dem Gefieder und sah sich um.

Äääärks!

Hatte er doch gewusst, dass etwas anders war. Dieses Geräusch, das ihn geweckt hatte … Das war neu.

Die Containerkräne drüben bei den Terminals machten **surrrr-purrr-rrrurrrr!** Die Passagierschiffe **tschu-puhh-tschu-ten** leise, wenn sie anlegten. Ihre Hörner **tuuuuuu-duuuuu-fuuuu-teten,** hoch oder tief, je nach Größe, und die Lotsenschiffe **schnauf-schnauf-rauften** kraftstrotzend vor sich hin. Dazu mischte sich in regelmäßigen Abständen das **Rattt-atttt-attt-wuuuusch** der U-Bahn, die auf den Schienen hoch über der Straße dahinrauschte. Und natürlich all die Geräusche der Menschen und Tiere, die hier lebten oder zu Besuch kamen.

Das **gurrrte,** das **schnattterte,** das **krächzte,** das **plapperte,** das **kreischte,** das **schrie.**

Aber es **äääärks**-te nicht. Nie!

Ä Ääääärks-Riiiieeeek!

Die Hafenmöwe spreizte die Flügel. Wo kam nur dieses fürchterliche Geräusch her?

Äääärks-Radonng-Riiieeeekazapang

Das schmerzte in den Ohren. Und wie!

»Bäh! Psst! Au!«, kreischte Fiete und flog auf.

Dieses Ächzen war ein Missklang in der Musik des Hafens. Es störte die Harmonie. Schnitt durch die Hafenkomposition wie eine Säge durch einen Ast. Und jedes Mal schien der Hafen für einen Moment die Luft anzuhalten. Nur um danach selbst etwas schräg und aus dem Takt weiterzumusizieren.

Äääärks-Ridöööö!

Fiete kam auf die Beine, machte einen Satz und schoss im Sturzflug vom Geländer des alten Kaispeichers, auf dem seit Kurzem das Glasungetüm thronte. Dabei war es vorher viel schöner gewesen. Seit Fiete denken konnte, hatten an dieser Stelle Kräne und Stahlträger gestanden. Er war sogar auf dieser Baustelle geboren worden, sein Möwenherz schlug im Takt ihrer Musik aus **Ratttattatt-ong-krawamm-wumms-zong.** Doch dann hatten die Menschen begonnen, das ganze Gerüst zu verglasen. Hinter den Wänden spielte nun ihre Musik. Aber von der hörte Fiete nichts. Ein völlig überflüssiges Ding also.

Äääärks-Radoiiii-Aahooiii!

Ahoi? Fiete breitete die Schwingen aus und fing seinen Sturzflug knapp über der Wasseroberfläche ab.

Hatte er wirklich ahoi gehört? Das brachte etwas in ihm zum Klingen. Als Fiete noch ein kleiner Federball war, hatte sein Opa ihm immer von seinen Abenteuern auf hoher See gesungen. Von fernen Ländern, in die er auf den Masten großer Schiffe gereist war. Von bunt schillernden Vögeln und fliegenden Fischen. **Türülü-didüdel-didüüüü** war der Klang dieser Welten. Und **blubb-pupp-wupp. Tadading-tadadong** und **babaging-babagong!**

Über allem hatte ein lang gezogenes Ahoooooi geschwebt, der Ruf der Seeleute und Seemöwen. Doch seit der Glaskasten stand, war sein Opa fort. Mit einem Kreuzfahrtschiff davongefahren. **Schnauf-schauf-schauf-brrrruum.** Und Fiete hatte seine zauberhaften Lieder tief in sich vergraben. Es gab nur noch die **stamm-tamm-stampfende** Hafenmusik.

Äääärks- Füüüüüüüüüt-Ahooooiiii!

Schon wieder – ahoi! Sollte er antworten? Fiete flog noch eine Runde, um nachzudenken. Doch der Ruf der weiten Welt ist stark, nur wenige können sich gegen ihn wehren. Also landete Fiete auf dem Dach von Bertas Fischbrötchenbude und räusperte sich.

»Ahoi«, sagte er leise.

Ahoooooooiiiiiii-Üäääärks!, kam es zur Antwort.

Fiete drehte den Kopf, so weit er konnte. Das war sehr weit. Woher kam das? Wer rief da so schrecklich-schaurig schräg?

»Ahoi?«, fragte er etwas lauter.

Jaaa-hooooiiii!, kam es aus allen Richtungen zurück. Was war das für ein Wesen, das überall und nirgends war?

Gurrri-di-guuuu, drängelte sich eine Taube neben Fiete. »Das geht schon den ganzen Tag so – gurrruuuh. Und die ganze Nacht«, beschwerte sie sich. »Also, ich würde – rrruhh – von dem Abstand halten.«

Neeeej-Ääääärks-Ahoooi!, heulte das Überall-und-Nirgends.

»Wer ist denn das?«, erkundigte sich Fiete bei der missmutigen Taube.

»Der dahinten – gurrruh! Diese Rrru-rrru-rrru-rrrostlaube!«, informierte sie ihn und deutete mit dem Flügel zu einem kleinen Anlegesteg hinüber. »Oh, Essen!«, rief sie dann und flog zum nächsten Mülleimer, aus dem der Rest eines Fischbrötchens ragte.

»Eine Rurururostlaube?«, überlegte Fiete. »Was ist denn das?« Wo die Taube hingedeutet hatte, lag bloß ein Schiff. Nichts Besonderes in einem Hafen.

»He, mein Freund!«, schrie Fiete hinüber. »Kennst du eine Rurururostlaube?«

Ärrrrks!, ächzte das Überall-und-Nirgends.

Fiete stutzte. »Warte mal, du bist das? Dich meint die Taube?« Wieder spreizte er die Flügel und legte einen Senkrechtstart nach bester Möwenmanier hin. Nur wenige Flapp-Flapp-Flügelschläge später kam er bei dem alten Schiff an.

»Warum machst du hier so einen Krach?!«, beschwerte er sich. »Du bringst die Hafenmusik durcheinander. Wenn das so weitergeht, kommt hier alles aus dem Takt.«

Äääärks!, jammerte das Schiff. Bei genauer Betrachtung hatte die Taube nicht unrecht. Es war ein sehr rostiger Kahn.

»Warum heulst du denn so?«, wollte Fiete wissen.

»Ich – kann – äääärks – nichts dafür«, antwortete der alte Kahn. »Ich bin ausgemust-äääärks!«

»Ausgemustärks?«, fragte Fiete. »Was ist denn das?«

»Ausgemustert«, sagte das Schiff und gab sich sichtlich Mühe, nicht zu ächzen. »Ich darf nicht mehr raus aufs Meer. Zu alt.« Und dann heulte es doch los, dass es Fiete in den Ohren sauste.

Aaahoooiooooijiiooiiiii!

Vor lauter Schreck begann Fiete zu kreischen. Und dann geschah etwas sehr Seltsames. Das Ahoi des alten Kahns hob ab. Es schwebte über ihm in der Luft. Es flatterte ein wenig aufs Wasser hinaus und kam wieder zurück. Und jetzt war es überhaupt nicht mehr schräg.

Da fing Fiete an zu singen. All die alten Lieder seines Opas. Zuerst von den fliegenden Fischen und den bunten Vögeln. Doch nach und nach erinnerte er sich an immer mehr. Von fernen Inseln erzählte er und von der großen Liebe, die die Matrosen in fernen Häfen fanden. Von wilder See und rauschenden Segeln. Und auch von stolzen Schiffen, ach ja.

Da wurde der alte Kahn ganz still. Und als Fiete ein uraltes Seemannslied anstimmte, summte er leise mit.

Junge, komm bald wieder, sang Fiete.

Ahoooiiii, summte das Schiff als zweite Stimme.

Auf einmal fiel der ganze Hafen ein. Kräne, Schiffe, U-Bahn, Tauben, Möwen und Menschen. Ja, sogar die Menschen sangen das alte Lied von Opa Hans. Der Hafen fand seinen Takt wieder und arbeitete sogar noch ein bisschen schneller als sonst.

Surrrr-purrr-rrrurrrr!
Tschu-puhh-tschu!
Tuuuuuu-duuuuu-fuuuu!
Ratt-atttt-attt-wuuuusch! Flapp-flapp-zuuusch!
Kreisch-krächz-fuup! Tütüür-huup!
Ratttattatt-ong-krawamm-wumms-zong! Tonkeldi-
pong!
Rumpeldidü! Lüdeldipüh! Füddeldrüh!

Ahoi!

Und nur, wer ganz genau hinhörte, der vernahm ab und an ein sehnsuchtsvolles Knarzen in all dem emsigen Treiben. Aber das war wirklich, wirklich nur ganz, ganz leise.

Das Ding im Sand

von Anne-Ev Ustorf
mit Bildern von Kerstin Meyer

Das Wasser der Elbe glitzert im Sonnenlicht. Doch es ist windig, tausend kleine Schaumkronen wippen auf den Wellen und die Möwen schießen im Sturzflug Richtung Wasser, um sich kleine Fische aus der Elbe zu schnappen.

Klara hat gehört, dass am Elbstrand noch alte Piratenschätze versteckt sein könnten. Nun buddelt sie mit ihrem jüngeren Bruder Johnny ein tiefes Loch im Sand. Ihre kleine Schwester Mina hilft auch. Sie versucht, eine Sandmauer gegen die heranrollenden Wellen zu bauen. Je tiefer Klara und Johnny aber buddeln, umso höher füllt sich das Loch mit salzigem, brackigem Elbwasser. Nie kann man den Grund sehen, immer wieder ist der sandige Boden mit braunem Wasser bedeckt. »Mann!«, ruft Johnny schließlich. »So finden wir nie einen Schatz. Man kann ja gar nichts sehen!« Doch Klara buddelt einfach weiter. Sie gibt nicht gerne auf. Schippe für Schippe holt sie aus dem Loch und fördert dabei bunte Steinchen, Kronkorken und zerbrochene Muschelschalen zutage. Es ist nicht so schlimm, dass sie keinen Schatz finden. Sie findet es trotzdem toll an der Elbe. Eben hat sie ein riesiges Containerschiff aus China vorbeifahren sehen, da könnte alles Mögliche drin sein, Fahrräder, Klobrillen oder Fußbälle. Manchmal reisen sogar Giftspinnen mit.

»Halt!«, ruft Johnny plötzlich. »Da ist was!« Und tatsächlich. Ein weißliches, längliches Ding schimmert am Boden des Loches. Klara steckt ihre Hand ins braune Wasser und zieht es heraus. Das Ding sieht seltsam aus, es ist ungefähr so dünn wie eine Zahnbürste und leicht gebogen. Die Enden sind furchtbar spitz. Es fühlt sich glatt an und hat einen sonderbaren Glanz, als ob es von innen strahle.

»Oh!«, sagt Mina. »Wie schön.«

Johnny reißt Klara das Ding aus der Hand und hält es sich dicht vor die Augen. Langsam dreht er es hin und her. »Ich glaube, ich weiß, was das ist«, sagt er. »Das ist die Kralle von einem Dinosaurier! Vielleicht von einem Raubsaurier. Wahrscheinlich hat er die Kralle benutzt, um seine Feinde aufzuschlitzen.«

Mina tritt einen Schritt zurück. »Gibt es hier Dinosaurier?«, fragt sie.

»Früher gab es die«, sagt Johnny. »Vor hundert Millionen Jahren. Da war es in Deutschland richtig heiß und überall wuchs Urwald. Man musste aufpassen, wo man langging. Wenn du nicht richtig gucktest, dann sprang hinter der nächsten Palme ein Raubsaurier hervor und stürzte sich auf dich. Dann musstest du entweder mit ihm kämpfen oder dich unter dem nächsten Riesenblatt verstecken. Du musstest aber gleichzeitig in die Luft gucken. Es gab nämlich auch Flugsaurier, die dich fressen wollten. Wenn du Pech hattest und nicht ordentlich aufpasstest, musstest du mit beiden gleichzeitig kämpfen.« Vorsichtig pikst sich Johnny mit dem Ding in den Finger. »Sehr scharf«, sagt er. »Vielleicht von einem Velociraptor.«

Klara ist sich nicht so sicher. Dinosaurierknochen sind doch immer versteinert. Die kann man bestimmt nicht einfach aus dem Sand ausbuddeln. »Nee«, sagt sie. »Das ist kein Dinosaurierknochen. Das muss was anderes sein.«

Jetzt nimmt Mina das spitze Ding in die Hand. Vorsichtig hält sie es gegen den Himmel. Es glitzert ein bisschen im Sonnenlicht. An einem Ende des Dings ist ein winziges Loch zu sehen. Auf der Elbe fährt gerade wieder ein dickes Containerschiff vorbei, »COSCO« steht in großen blauen Buchstaben auf dem Schiffsrumpf. Um das Schiff herum tanzen große Wellen, es ist mittlerweile richtig stürmisch. In der Ferne klingelt ein Eiswagen. »Ich glaube, ich weiß es«, sagt Mina schließlich. »Es ist eine alte Stricknadel. Vor vielen Jahren, ungefähr als Oma noch ein kleines Kind war, fuhr ein Matrose auf einem großen Schiff die Elbe runter. Sein Schiff kam von Afrika und war monatelang über das Meer gefahren, um eine riesige Ladung Kaffee nach Hamburg zu bringen. Der Matrose freute sich sehr, in Hamburg an Land zu gehen. Ganz lange hatte er keine normalen Menschen und Geschäfte mehr gesehen. Er wollte unbedingt am Jungfernstieg spazieren gehen. Aber dann fiel ihm ein, dass er keine guten Socken mehr hatte. Nur so löchrige Dinger. Also musste er sich schnell neue Socken stricken. Deswegen hat er sich aus einer riesigen Fischgräte diese Stricknadel geschnitzt.« Mina tippt stolz gegen die spitzen Enden des Dings.

»Aber wie kam die Stricknadel dann an den Elbstrand?«, fragt Klara.

»Ist doch klar«, sagt Mina. »Als er fertig war, ließ der Matrose die Stricknadel auf dem Deck liegen und ging von Bord. Da kam eine Möwe und schnappte sie sich, weil sie so schön nach Fisch roch. Als sie über die Elbe flog, merkte die Möwe aber, dass sie sie gar nicht fressen konnte. Sie ließ sie in die Elbe fallen und über die Jahre wurde sie dann an den Strand getrieben.«

Johnny zuckt mit den Schultern. »Kann auch sein«, sagt er und schnuppert an dem Ding. »Stinkt echt nach Fisch.«

Jetzt will Klara mal sehen. Sie legt das Ding auf ihre flache Hand und inspiziert es genau. Immer wieder scheint es seine Farbe zu wechseln, von Weiß nach Silber oder Gold. »Es könnte auch ein Zaubergegenstand sein«, sagt sie. »Vielleicht kann man sich damit ja was wünschen.«

In dem Moment kommt eine starke Windböe auf. Sie wirbelt Sand durch die Luft und weht Minas Mütze weg. Klaras Haare flattern ihr ins Gesicht, sie kann gar nichts mehr sehen.

»Das Ding!«, ruft Johnny und zeigt in Richtung Wasser. Es ist von Klaras flacher Hand weggepustet worden, die Kinder sehen es gerade noch in die Gischt der Elbe fliegen. Klara, Johnny und Mina stürzen zum Wasser und suchen überall. Aber es ist weg, verschwunden in den Wellen.

»Meine Kralle!«, ruft Johnny.

»Meine Stricknadel!«, klagt Mina.

Sie suchen noch ein bisschen und bekommen nasse Füße, immer wieder schwappen ihnen Wellen über die Schuhe. Da glitzert plötzlich etwas vor Klara im nassen Sand: ein ganzer Haufen Münzen, mehrere Euro-Stücke.

»Krass!«, ruft Johnny. »Hat die jemand verloren?«

Aber wer? Es ist niemand in der Nähe. Klara sammelt die Münzen ein. »Ich sag ja, das Ding kann zaubern!«, ruft sie. »Wer will ein Eis?«

Mutige Manuela

von Andreas Schlüter
mit Bildern von Miriam Elze

Irgendwo in der Nordsee klebte Manuela auf einem Felsen und hatte schlechte Laune. Festsitzen, Schale aufklappen, Wasser filtern, Plankton schnappen, das war ihr Leben. Manchmal schloss sie ihre Schalen zwischendurch auch mal wieder. Mehr passierte nicht. Nie. Wie öde! Wie blöde! Wirklich mies, so ein Leben.

Es musste doch noch mehr geben! Davon war Manuela überzeugt. Andere Meere, deren Wellen an die Küsten fremder Länder schlugen. Mit mehr Sonnenlicht und wärmerem Wasser; mit seltsamen Fischarten in den buntesten Farben. Manuela hatte davon gehört. Wie gern hätte sie sich das einmal angesehen!

Aber das ging nicht. Denn sie war eine Miesmuschel. Bewegungslos. Festgezurrt am selbst gesponnenen Faden auf der Muschelbank.

Wie öde. Wie blöde!

»In Deckung!«, schrie Mathilda, die benachbarte Miesmuschel.

Manuela wusste, was die Warnung bedeutete. Irgendein Fischerboot der Menschen warf wieder seine Dredgen aus. Mathildas Warnruf hatte allerdings keinerlei praktische Bedeutung. Vor der Dredge gab es kein Entrinnen. Sie konnten nicht fliehen oder sich verstecken. Sie vermochten nicht einmal, sich einzugraben. Wenn jemand aus der Muschelbank also »Deckung« rief, war in Wahrheit »beten und hoffen« gemeint. Beten und hoffen, dass das große Kettensack-Netz mit seinen Stahlzähnen an ihnen vorüberzog. Wie die letzten Male. Glück hatten sie gehabt. Sonst wären sie nicht mehr hier.

Aber war es überhaupt ein Glück, hier zu bleiben? Vielleicht verhieß es erst richtiges Glück, wenn die Dredge sie erwischte? Sie war die einzige Möglichkeit, diesem Ort zu entkommen.

»Du spinnst!«, lautete Mathildas Kommentar. »Das Netz führt dich in den Topf der Menschen, mit Weißwein- oder Tomatensoße. Zu sonst nichts!«

»Wer weiß?«, antwortete Manuela.

»Ich weiß!«, schrie Mathilda beinahe hysterisch. »Meine gesamte Verwandtschaft hat es schon erwischt!«

Die Dredge kam näher. So dicht war sie noch nie herangekommen.

»Hast du gesehen?«, rief Mathilda. »Gleich wird dieses schreckliche Stahlnetz uns erwischen!«

Ja, dachte Manuela. Doch sie wollte nicht warten, nicht länger hier auf einem Felsen festgeklebt sein, bis sie jemand in den Topf schmiss. Sie wollte etwas tun. Sie musste etwas tun! Sie hatte nur eine Chance. Gleich jetzt.

»Nicht!«, schrie Mathilda.

Manuela löste den Faden, der sie auf dem Felsen festhielt. Sie purzelte den kleinen Vorsprung hinunter auf den Meeresboden.

Im nächsten Augenblick packten sie die großen Stahlzähne und warfen sie in die Dredge hinein.

»Nein!«, jammerte Mathilda.

Das war das Letzte, was Manuela hörte, bevor sie an einem großen Kran aus dem Wasser gezogen wurde.

Doch auch die Erfindungen der Menschen sind nicht fehlerlos. Das große Netz hatte einen kleinen Riss. Manuela rutschte durch diese Öffnung hinaus und fiel auf das Schiffsdeck. Eine Hand griff nach ihr, warf sie aber nicht zurück ins Netz, sondern steckte sich Manuela in die Hosentasche.

Unendlich lange Zeit verbrachte Manuela in der dunklen, staubtrockenen Tasche. Sie glaubte schon, sie müsse sterben, als sie endlich ans Tageslicht geholt und in eine Plastiktüte gesteckt wurde. Hier war es wenigstens ein bisschen feucht. Gerade so viel, dass Manuela überleben konnte.

Sie wusste nicht, wie lange sie schon in dem Plastikgefängnis ausgeharrt hatte, als sie endlich befreit wurde. Sie war zu geschwächt, um ihre Umgebung noch aufmerksam wahrnehmen zu können. Eine lange Reise hatte sie gemacht, so viel hatte sie noch mitbekommen.

Eine kleine Hand zog sie aus dem Beutel.

Manuela hörte eine tiefe menschliche Stimme, die sagte: »Die habe ich dir mitgebracht. Du wolltest doch immer eine echte Muschel aus dem Meer haben!«

»Toll! Vielen Dank! Lebt die noch?«, antwortete eine piepsige Stimme.

Ja, Manuela lebte noch. So gerade eben. Die Reise hatte sie sehr mitgenommen.

Doch was Manuela dann sah, richtete sie wieder auf. Die Hand trug sie zu einem großen, gläsernen Wasserbehälter, der auf einem Tisch stand. Von hier aus sah Manuela etwas Eigenartiges: grünes Land. Seltsame Tiere, die von diesem grünen Land fraßen. Und so weit man blicken konnte, ein Land, das auf und ab führte. Wie Felsen im Wasser, nur viel, viel größer, viel weiter fort und viele von ihnen mit weißen Hauben.

»Ich setze sie hier auf den Stein. Dann kann die Muschel rausgucken und die Berge sehen!«, rief die piepsige Stimme.

Die kleinen Hände tauchten Manuela in den mit Wasser gefüllten Glaskasten ein, in dem bereits einige Fische herumschwammen, und setzten sie darin auf einen kleinen schwarzen Naturstein, der sich sehr angenehmen anfühlte. Zwar war hier alles viel kleiner als im Meer, aber eigentlich recht gemütlich. Manuela konnte durch die Glasscheibe hinausschauen auf eine weitere Glasscheibe. Und sah hinter dieser wieder die Berge. »Berge!«, dachte sie glücklich. »Wie schön die sind!«

Am selben Tag wurde Mathilda aus dem Meer gefischt. Sie erfuhr nie, dass solche Dinge wie Berge auf der Welt existieren.

Der rätselhafte Herr Beker

von Silke Vry
mit Bildern von Constanze Spengler

Niemand wünscht sich einen Nachbarn wie Herrn Beker, wirklich nicht. Herr Beker ist nämlich – wie kann man es einigermaßen freundlich beschreiben? – ein Griesgram, ein Miesepeter, ein Ekelpaket.

Herr Beker wohnt in Hamburg. Seit er denken kann (und das kann er schon lange), lebt er in einer Wohnung in einem großen Haus, unter einem Dach mit vielen anderen Menschen. Früher wohnte er hier mit seiner Mutter. Weil das schon viele Jahre her ist, ist Herr Beker längst kein junger Mann mehr. Seine Mutter hat oft zu ihm gesagt: Mein Junge, du bist etwas ganz Besonderes. Und dabei hat sie ihn angesehen, wie das nur jemand kann, der einen von ganzem Herzen lieb hat. Aber auch das ist schon eine Weile her, und nachdem seine Mutter starb, hat das niemand mehr zu Herrn Beker gesagt und niemand hat ihn je wieder so liebevoll angelächelt. Zumindest ist ihm nie etwas aufgefallen.

Wenn Herr Beker von der Arbeit nach Hause kommt, passiert jedes Mal dasselbe. Im ersten Stock, vor der Wohnungstür von Familie Groß (bestehend aus Frau Groß, Herrn Groß, Miriam und Lukas), ärgert sich Herr Beker über die vielen Schuhe, die dort wild verstreut im Hausflur liegen: kleine Schuhe, große Schuhe, rote Schuhe, blaue Schuhe, Fußballschuhe und dann noch Gummistiefel. Wenn er das sieht, wird er wild vor Wut. Dann hämmert er gegen die Tür und ruft: »Das stört mich!«

Auch im zweiten Stock muss er regelmäßig für Ordnung sorgen, wenn Frau Hinrichsens Tochter so laut Musik hört, dass der Putz fast von den Wänden rieselt. »Das stört mich!«, ruft er dann wieder. Und während er in den dritten Stock stapft, schimpft er über den Geruch von gekochtem Kohl aus Frau Huschmanns Wohnung: ein unerträglicher Gestank, wie Herr Beker findet.

Mit einem solchen Mann im Haus ist es nicht leicht. Doch welch ein Glück, dass manchmal unvorhergesehene Dinge passieren.

Es ist ein Sonntag im September, als Herr Beker in seiner Küche steht und bemerkt, dass er etwas vermisst, und zwar das Rezept für ein Essen, das seine Mutter früher oft für ihn gekocht hat: »Piratengulasch«. Da er es nicht in seiner Wohnung finden kann, kommt Herrn Beker die Idee, auf dem Dachboden danach zu suchen. Dort hat jeder Bewohner des Hauses Platz, um alles Mögliche zu verstauen. Herr Beker teilt sich seinen Dachbodenplatz mit Familie Groß. Bobbycar, Puppenwagen und Inliner stehen und liegen hier wild durcheinander – furchtbar! In einem Regal am Rand liegen, fein säuberlich, die Sachen von Herrn Beker. Nach einer Weile entdeckt er dort den Stapel alter Kochbücher, darin vermutet er das gesuchte Rezept. Er nimmt die Bücher, stapft damit zurück in seine Wohnung und setzt sich an den Küchentisch. Als er das unterste Buch durchblättert, fällt ein Blatt Papier daraus hervor. Er betrachtet es – und seine Knie werden schlagartig so weich wie Butter. Handgeschrieben, in altmodischer Schönschrift, steht dort folgender Text:

153

Hiermit wird bestätigt, dass
Herr Klaus Beker aus Hamburg der
Urururururururururururururururenkel
des Piraten Klaus Störtebeker ist.

Und darunter eine krakelige Unterschrift und ein vornehm aussehendes Siegel.

Herr Beker ist fassungslos. Er, ein Verwandter des berühmten Piraten?! Das also hat seine Mutter gemeint: er, etwas Besonderes! Warum bloß hat sie ihm nie davon erzählt? Schon als kleiner Junge hat er den großen Piraten bewundert, im Museum sogar seinen Schädel bestaunt. Bei dem Gedanken, dass dies sein Uropa (mit 17 »Ur«) war, läuft ihm ein gewaltiger Schauer über den Rücken. An Piratengulasch ist an diesem Abend nicht mehr zu denken.

Am nächsten Morgen springt Herr Beker gut gelaunt aus dem Bett. Er ist verwandt mit dem »Robin Hood der Meere«! In seinen Adern fließt Störtebeker-Blut! Er sagt es sich immer wieder und lacht dabei vor Freude. Am liebsten würde er es jedem laut entgegenschreien, dem Busfahrer, seinen Nachbarn und auch den Kollegen. Doch er behält sein Geheimnis für sich.

Als er an diesem Abend nach Hause kommt, benimmt er sich zum ersten Mal anders als sonst. Im ersten Stock bückt er sich, um Ordnung ins Schuh-Chaos der Groß-Familie zu bringen. Dann klingelt er bei Frau Hinrichsen und überreicht ihr einen nagelneuen Kopfhörer für die Tochter. Und auch Frau Huschmann bekommt Besuch von Herrn Beker, der ihr strahlend eine Kopie seines Piratengulasch-Rezeptes überreicht. Nur für den Fall, dass sie einmal etwas anderes kochen wolle als immer nur Kohl. Und sie lächelt ganz bezaubernd zurück.

Von nun an lächeln die Nachbarn, wenn sie ihn sehen. So vergehen mehrere Tage und eine Woche später klingelt Frau Hinrichsen bei Herrn Beker. Sie hält ihm einen Blumenstrauß entgegen, einfach so. Herr Beker freut sich, wie er sich schon lange nicht mehr gefreut hat. Während er noch mit ihr plaudert, gesellt sich Frau Huschmann

dazu, um ihn für den Abend zu einem selbst gekochten Piratengulasch einzuladen. Herr Beker strahlt über das ganze Gesicht. Und dann stapft auch noch Lukas Groß die Treppe hinauf. Er allerdings lächelt nicht, sondern blickt besorgt.

»Hallo, Herr Beker«, druckst er. »Dürfte ich Sie etwas fragen? Letzte Woche habe ich ein Schulpapier auf den Dachboden gebracht, ein Kunstprojekt zu Störtebeker. Es war zerknittert und ich wollte es in dem dicken Bücherstapel glatt pressen. Jetzt brauche ich es und kann es nicht mehr finden. Haben Sie es gesehen?«

Herr Beker hört die Worte, erstarrt vor Schreck, dreht sich um und verschwindet in seinem Wohnzimmer. Die Nachbarinnen und Lukas sehen sich fragend an. Kurz darauf kommt Herr Beker zurück, in der Hand hält er die Störtebeker-Urkunde. »Meinst du das hier?«, fragt er leise.

»Ja«, strahlt Lukas dankbar, »genau das meine ich.«

»Warum hast du das gemacht?«, fragt Herr Beker und seine Stimme klingt traurig. »Die Sache mit der Urkunde, mit mir, meine ich.«

Lukas wird rot, als er ihm antwortet: »Mama sagt immer zu uns: Räumt das Chaos weg, das störte Beker! Weil Sie doch immer rufen: Das stört mich! Seitdem glaubt meine kleine Schwester, dass Sie der furchtbare Pirat Störtebeker seien. Und im Kunstunterricht kam mir die Idee zu der Urkunde.«

Am liebsten würde Herr Beker augenblicklich die Tür hinter sich zuknallen und die Nachbarinnen und Lukas ohne ein Wort im Hausflur stehen lassen. Doch stattdessen blickt er in die Runde: Frau Hinrichsen hält noch immer den Blumenstrauß in Händen, Frau Huschmann sieht erwartungsvoll einer Antwort wegen des Piratenessens entgegen und Lukas blickt ziemlich zerknirscht.

Da muss Herr Beker plötzlich lachen und kann überhaupt nicht mehr aufhören. Er lacht so herzlich und ansteckend, dass er bald nicht mehr allein lacht. Frau Hinrichsen, Frau Huschmann und Lukas lachen mit, ohne zu wissen, warum. Sie lachen einfach immer weiter, weil es so schön ist, im Hausflur zu stehen und gemeinsam zu lachen. Allein Herr Beker kennt den Grund: Er lacht, weil er sich von Herzen freut! Über Blumen, Piratengulasch und freundliche Nachbarn – obwohl er nicht der 17. Urenkel des großen Störtebeker ist und es auch niemals sein wird.

Die Meerjungsfrau

von Rieke Patwardhan
mit Bildern von Lena Hällmayer

»Die kleine Meerjungfrau winkte zum Abschied und schwamm fröhlich davon. Ende.« Papa gähnte. »Und meiner kleinen Meerjungfrau fallen schon die Augen zu. Deshalb wird jetzt geschlafen. Gute Nacht, Marie!«

Sofort riss ich die Augen wieder auf. »Was?! Du hast nur eine einzige Geschichte gelesen! Ich will mehr! Mehr! Mehr!«

Kaum hatte ich die Worte ausgesprochen, geschah etwas Seltsames. Ein Rumpeln und Rauschen ergriff meinen ganzen Körper, so laut, dass ich mir die Ohren zuhalten musste und sicherheitshalber die Augen zukniff. Aber auch das nützte nichts. Es fühlte sich an, als würde ich durch die Gegend geschleudert. Und ganz plötzlich war wieder Stille. Langsam löste ich die Hände von den Ohren. »Papa?«, fragte ich.

Doch die Stimme, die antwortete, klang kein bisschen nach Papa: »Oh nee! Was willst du denn hier?«

Ich traute mich nicht, die Augen zu öffnen. Bestimmt hatte ich mir die glucksende Stimme nur eingebildet. Leider schien das die Stimme nicht zu interessieren. Sie gluckste einfach weiter.

»Verdammt! Jetzt spuckt der Mehr-o-Mat auch noch Oberwasserbewohner aus! Total Schrott, das Teil.«

Mehr-o-Mat? Oberwasserbewohner? Was sollte das bedeuten? Ich nahm allen Mut zusammen und öffnete die Augen. Was ich sah, war: Grün. Meeresgrün. So hieß die Farbe, mit der Mama und ich mein Zimmer gestrichen hatten.

Nur dass ich nicht mehr in meinem Zimmer war. Langsam bewegte ich Arme und Beine und vor Erstaunen entwich meinem Mund eine kleine Blubberblase. Kein Zweifel – um mich herum war Wasser! Ich war im Meer! Warum?

Ein energisches Räuspern riss mich aus meinen Gedanken. Ich drehte mich um und wieder blubberte eine erstaunte Blase aus meinem Mund. Direkt hinter mir schwamm eine Gestalt, wie ich sie noch nie gesehen hatte. Sie hatte einen glitzernden Fischschwanz und wunderschöne

goldblonde Locken, die allerdings wüst nach allen Seiten abstanden. Im Gesicht sprießten der Person so viele Bartstoppeln wie Papa, wenn er sich drei Tage nicht rasiert hat.

»Nun glotz nicht so blöd! Noch nie eine Meerjungsfrau gesehen?«

»Meerjungfrau«, verbesserte ich automatisch.

Die Antwort war ein abfälliges Schnauben. »Meerjungfrau? Was für ein Blödsinn! Glaubt ihr Oberwasserbewohner immer noch an niedliche Nixen, die sich den lieben langen Tag die Haare bürsten? Pah! Eine echte Meerjungsfrau hat wirklich Wichtigeres zu tun.«

Ich schwieg betreten. Die Meerjungsfrau rollte mit den Augen und hielt mir mit versöhnlichem Gesichtsausdruck die Hand hin.

»Ich heiße Matti. Nun guck nicht so bedröppelt. Kannst ja nichts dafür, dass ihr Oberwasserbewohner ein bisschen doof … äh …« – Matti hüstelte verlegen. »… dass ihr euch mit Unterwasserbewohnern nicht auskennt.«

Ich überlegte. »Was macht denn eine echte Meerjungsfrau den ganzen Tag? Du zum Beispiel?« Dass Matti sich nicht die Haare bürstete, glaubte ich sofort.

Matti warf mir einen verschwörerischen Blick zu. »Ich kümmere mich um den Mehr-o-Maten.«

Da war es wieder, das seltsame Wort. »Was ist das?«, fragte ich, doch statt einer Antwort packte Matti mich am Arm und schwamm mit mir in Richtung Meeresboden. Nach drei Schwimmzügen tauchte plötzlich aus dem Grün ein Gebilde auf, das aussah wie eine Waschmaschine, an die jemand seitlich zwei Schubkarren zu einem riesigen Trichter zusammengeschraubt hatte.

»Das ist der Mehr-o-Mat. Meine Erfindung!« Matti sah mich Beifall heischend an. »Ist er nicht wunderschön?«

Ich schwamm um die Maschine herum, die ich eher seltsam als wunderschön fand. »Äh … klar! Und was macht das Ding?«

Matti richtete sich kerzengerade auf. »Der Mehr-o-Mat ist eine Wunscherfüllungsmaschine. Irre praktisch! Egal was man sich wünscht – mehr Zeit, mehr Freunde, mehr Kirschlollis –, man muss nur fest dran denken und ›Mehr! Mehr! Mehr!‹ schreien und schon kriegt man das Gewünschte. Toll, nicht wahr?«

»Toll!«, stimmte ich zu. »Nur … Ich hatte mir gewünscht, dass Papa noch mehr vorliest, und nicht, dass der Mehr-o-Mat mich ins Meer spuckt. Irgendwas klappt da nicht.«

Mattis Miene verfinsterte sich. »Kaputt« war die knappe Antwort.

»Und was genau ist kaputt?«, fragte ich.

»Bestimmt hat sich innen drin eine Muschel verklemmt. Nur kann ich das leider nicht reparieren, weil ich nicht durch den Trichter passe. Bin ja ein bisschen kräftig obenrum.« Matti ließ die Armmuskeln spielen und sah mich halb stolz, halb verlegen an.

»Ich könnte es versuchen«, bot ich an. »Wenn ich aus dem Mehr-o-Maten rausgekommen bin, passe ich ja wohl auch rein.«

Matti sah mich dankbar an. »Das wäre natürlich eine Riesenhilfe. Der Fehler muss schleunigst behoben werden. Oberwasserbewohner schreien ja andauernd nach mehr. Nicht auszudenken, wenn die alle hier ankommen!«

»Kein Problem!« Ich war schon auf dem Weg in den Trichter. Sobald ich hineintauchte, wurde das Grün des Wassers so dunkel, dass ich kaum die Hand vor Augen sehen konnte. Nur in der hintersten Ecke blitzte etwas Weißes. Ich schwamm vorsichtig darauf zu und streckte meine Hand danach aus. Tatsächlich! Hier steckte eine kleine Muschel fest. Behutsam zog und ruckelte und ruckelte und zog ich, bis ich sie in der Hand hielt.

»Matti! Ich hab sie!«, rief ich und drehte mich in Richtung Trichterausgang. Doch meine Worte gingen unter in dem vertrauten Rumpeln und Rauschen, das ich schon von meiner Ankunft kannte. Wieder wurde ich durch die Gegend geschleudert und auch diesmal hörte ich die seltsam glucksende Stimme – aber jetzt wusste ich, zu wem sie gehörte.

»Vielen Dank!«, rief Matti. »Ich glaub, er funktioniert wieder. Gute Heimreise!«

Genauso plötzlich wie beim ersten Mal hörte das Rauschen auf.

»Marie!«, sagte jetzt eine andere Stimme.

Ich öffnete die Augen. Papa saß neben mir auf der Bettkante.

»Habe ich es doch geahnt«, schmunzelte er. »Du schläfst schon, kleine Meerjungfrau. Jetzt wird nicht mehr gelesen.«

Von wegen Schlafen, dachte ich. Und von wegen Meerjungfrau! Wenn du wüsstest! Mit einer Hand umklammerte ich fest die kleine weiße Muschel und schloss wieder die Augen.

Immer diese Zugeflogenen!

von Katharina Mauder
mit Bildern von Anke Hennings-Huep

Huuuuuuuiii — siiiiirrrr — swuuuuuuusch!

»Yeah, was für ein gigagenialer Flug! Zwar ist das Wetter hier graugraugrau, aber der Wind ist echt mal der Oberhammer«, gluckst der Mauersegler Al glücklich, als er auf einem Kirchturm landet und sich flugs erleichtert.

»**Kirrrr, kirrr.** Einfach kackfrrrech, diese dahergeflogenen Nichtsnutze von Zugvögeln! Kaum angekommen, schon verteilen sie ihren Vogelschiss«, hört Al auf einmal eine knurrig krächzende Stimme. Schräg unter sich entdeckt er einen alten Möwerich, der ihn mit zusammengekniffenen Augen mustert. Al macht einen Freudenhüpfer. »Wie supercool, dass ich dich treffe!«, trällert er übermütig und segelt rasant um die Kirchturmspitze – **huuiiii** –, bis er direkt neben dem Möwerich zum Sitzen kommt. »Ich heiße Al und es ist mir eine gigantomanische Freude, dich kennenzulernen! Du hast doch bestimmt den Durchblick und weißt, wo ich hier gelandet bin.«

»Ach, du dickes Ei!«, murmelt die alte Möwe und rückt ein Stückchen zur Seite. »Eine zu grroß gerratene Sswalbe ohne Orrientierrung! Jo, ich hab den ›Durchblick‹: Du bis im ssönen Hamburch. **Kirrrr, kirrr.**«

»Hamburg? Starke Stadt! Und deshalb hast du auch diesen krassen Hut auf. Vom Regenwetter hier hab ich schon gehört. Aber mit so 'ner endgeilen Aufmachung geht das ja klar!«

»Ssrreck lass nach, was'n Sabbelbüdel!«, seufzt der Möwerich und verdreht die Augen noch wilder und abenteuerlicher, als Al gerade geflogen ist. »Wenn du dich vorher informiert häddest, wüssdest du, dass iiiich der Piet vom Michel bin. Und daaas is nich irgendein Regenhut, sondern meine Matrrosenmütze.«

Al nickt eifrig. »Echt kultig! Und als Schiffsvogel und Zugvogel sind wir ja quasi Kollegen. Übrigens bin ich keine zu groß geratene Schwalbe, sondern ein Mauersegler. Deshalb segle ich auch lieber durch die Luft als auf dem Wasser. Aber du und Michel, ihr seid bestimmt Spitzen-Matrosen-Möwen!«

»Meeensch, weißu Dösbaddel denn gar nix? Der Michel is keine Möwe, **kirrrr, kirrr,** sondern die Kirche, auf der du hockst. Unserre Hauptkirche Sankt Michaelis, das Wahrzeichen der Sstadt. Und desshalb wird hier auch nich so frrech herumgekackt. Mein lieber Michel bleibt fleckenfrrei, versstanden?! Sons kannste gleich 'nen Abflug machen!«, poltert Piet. »Keinen Rresspekt mehr, diese Zugeflogenen!«

»Oh, das war mir echt nicht klar. Sorry, Alter …«

»Nu ma nich frrech werdn! Wenn mich einer alt nennt, dann bin ich das, du Grrünssnabel!« Piet plustert sich immer mehr auf.

»Nee, also … ähm … so war das gar nicht gemeint«, piepst Al und scharrt verlegen auf der Stelle. »Aber ich seh schon. Ich mach mal besser die Flatter und such mir eine andere Gegend für den Sommer«, seufzt er enttäuscht.

163

Doch gerade als Al abheben will, brechen einige Sonnenstrahlen durch die Wolkendecke und lassen den Hafen in warmem Licht erstrahlen.

»Abgefahren!«, haucht Al voller Bewunderung. »Echt nice hier!«

»Jo«, brummt Piet nur.

»Was ist denn das, was dahinten so hammermäßig glänzt und glitzert?«, fragt Al.

»Das is unserre Elphi«, verkündet Piet nun mit hörbarem Stolz.

»Wow! Hamburg hat echt mal Style! Aber ich pack's jetzt besser. Leb wohl, Piet, und pass gut auf diese Perle auf«, sagt Al traurig, hebt einen Flügel zum Abschied und segelt kraftlos vom Kirchturm.

»Nu warte mal! **Kirrrr, kirrr**«, hört er Piet auf einmal ganz außer Atem krächzen.
»Vielleicht bissu ja doch nich so verkehrt, wenn dir unserre ssöne Sstadt so gefällt.
Und die Elphi hat auch noch keinen Vogel. Wir können das ja mal einen Sommer lang
ausprrobieren. Dann sind wir Nachbarn und ich bring dir ein, sswei Sachen
über Hamburch bei. Dann musst du auch nich ganz so dumm ssterben.
Aber wehe, du kackst mir noch mal aufs Dach!«

»Wirklich?!?« Al bekommt den Schnabel kaum
wieder zu. »Juhuuuuuuuu«, krakeelt er und wirbelt
in halsbrecherischen Kunstschleifen quer durch den
Hafen. »Dann werden wir Best Buddies: Piet vom Michel und
Al von der Elphi!«, schwärmt er.

»Nu ma nich übermütig werdn, min Jung. Und tut das eigentlich not,
so ssnell zu fliegen? 'ne alte Möwe is doch kein Düsenjet!«

Da segelt Al ein paar Extraschleifen um Piet herum. »Hach, das wird so toll! Aber
sag mal: Nicht mehr auf eure schönen Wahrzeichen kacken, geht klar – Ehrensache.
Aber das Kackspiel ist schon noch erlaubt, oder?«

»Äh, was willsu sspielen?!«

»Na, das Kackspiel: Ein Auto gibt einen Punkt, Sportwagen zehn, Mensch fünf,
Glatzkopf zwölf ...«, erklärt Al die Regeln, bis Piet lauthals lachen muss.

»Da krriecht ›Hamburger Schietwedder‹ ja 'ne ganz neue Bedeutung!«, krächzt der
alte Möwerich mit Lachtränen in den Augen.

»Allerdings!«, feixt Al. »Wie wär's mit einer Partie?«

»Jo! Du wars mir doch gleich sympathisch, **kirrrr, kirrr.** Ich sach ja: Zugvögel
bringen immer 'ne frische Brise mit. Nur ssnacken tut ihr 'n bisschen viel!«

»Findest du? Ist mir noch gar nicht aufgefallen. Na ja,
jetzt erst mal ab die Post!«, jubelt Al und saust selig
in Richtung HafenCity, während Piet mühevoll
hinterherhechelt.

Fischbrötchen

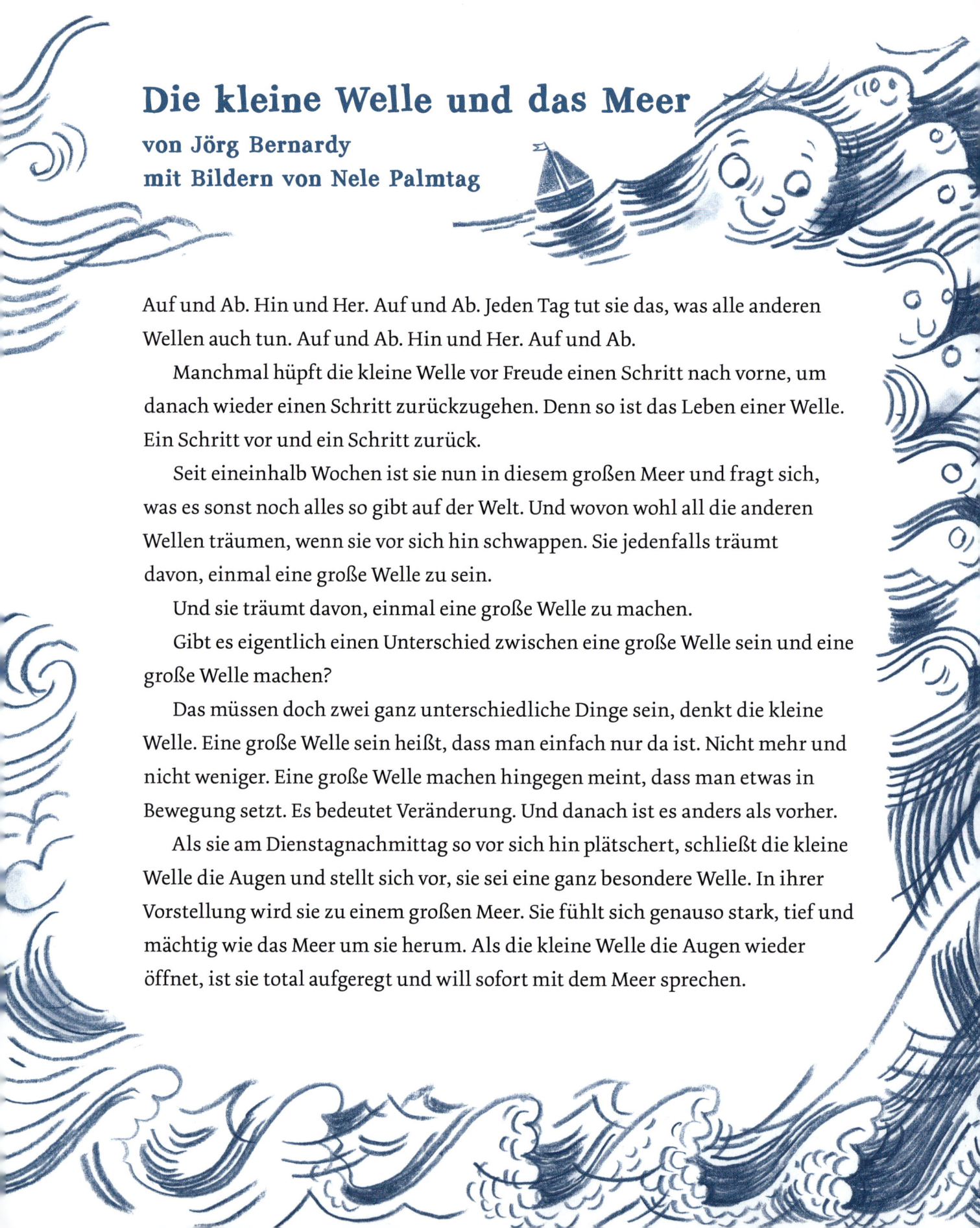

Die kleine Welle und das Meer

von Jörg Bernardy
mit Bildern von Nele Palmtag

Auf und Ab. Hin und Her. Auf und Ab. Jeden Tag tut sie das, was alle anderen Wellen auch tun. Auf und Ab. Hin und Her. Auf und Ab.

Manchmal hüpft die kleine Welle vor Freude einen Schritt nach vorne, um danach wieder einen Schritt zurückzugehen. Denn so ist das Leben einer Welle. Ein Schritt vor und ein Schritt zurück.

Seit eineinhalb Wochen ist sie nun in diesem großen Meer und fragt sich, was es sonst noch alles so gibt auf der Welt. Und wovon wohl all die anderen Wellen träumen, wenn sie vor sich hin schwappen. Sie jedenfalls träumt davon, einmal eine große Welle zu sein.

Und sie träumt davon, einmal eine große Welle zu machen.

Gibt es eigentlich einen Unterschied zwischen eine große Welle sein und eine große Welle machen?

Das müssen doch zwei ganz unterschiedliche Dinge sein, denkt die kleine Welle. Eine große Welle sein heißt, dass man einfach nur da ist. Nicht mehr und nicht weniger. Eine große Welle machen hingegen meint, dass man etwas in Bewegung setzt. Es bedeutet Veränderung. Und danach ist es anders als vorher.

Als sie am Dienstagnachmittag so vor sich hin plätschert, schließt die kleine Welle die Augen und stellt sich vor, sie sei eine ganz besondere Welle. In ihrer Vorstellung wird sie zu einem großen Meer. Sie fühlt sich genauso stark, tief und mächtig wie das Meer um sie herum. Als die kleine Welle die Augen wieder öffnet, ist sie total aufgeregt und will sofort mit dem Meer sprechen.

»Sag mal, weißt du eigentlich, was der Unterschied zwischen mir und dir ist?«, fragt sie das Meer.

Das Meer regt sich ganz langsam. Es schaut die Welle von allen Seiten an und donnert dann: »Ich bin groß und du bist klein. Ich bin stark und du bist schmächtig. Ich habe Macht und du hast keine!«

Aber die kleine Welle lässt nicht locker: »Weißt du denn auch, was wir beide gemeinsam haben?«, fragt sie weiter.

Das Meer schäumt einmal kräftig auf und blubbert heftig unter dem Druck seiner leeren Gedanken. Diese Frage kommt ihm merkwürdig vor. Natürlich haben sie nichts gemeinsam. »Gar nichts!« Das Meer beginnt, zu tosen und sich im Kreis zu drehen.

Die kleine Welle versteckt sich hinter einem Felsen, nimmt ihren ganzen Mut zusammen und schreit das Meer an: »Wir sind beide aus Wasser und wenn ich will, bin ich genauso stark und groß wie du!«

Das Meer hört abrupt auf, sich zu drehen, und fängt an, laut zu lachen. Mit einem gewaltigen Knall und Getöse kracht das Meer gegen den Felsen. »Jetzt mach mal keine Welle!«, brüllt das Meer die kleine Welle an. »Vergiss es einfach. Du wirst nie mehr als eine kleine Welle sein. Du bist viel zu klein. Außerdem bin ich wild und dunkel.

Die Dunkelheit in meiner Tiefe wirst du niemals überwinden.«

Die kleine Welle fängt an zu zittern. Tatsächlich fürchtet sie sich vor der Dunkelheit. Ganz besonders ängstigt sie die dunkle Tiefe. Allein der Gedanke an die dunklen Abgründe im Meer lässt ihr einen eiskalten Schauer über den Rücken laufen. Sie nimmt einen tiefen Atemzug, um sich zu beruhigen. Besser, sie erzählt dem Meer jetzt nicht von ihrem Traum. Sonst wird es noch wütender und macht sich noch mehr über sie lustig.

Die kleine Welle kuschelt sich in eine Felsspalte. Was war denn nur los? Warum musste sie sich auch mit dem großen Meer anlegen? Und das an einem stinknormalen Dienstagnachmittag! Keine andere kleine Welle würde sich das trauen. Die waren alle viel zu sehr mit ihrem Hin und Her und Auf und Ab beschäftigt. Sie waren zu-frieden und glücklich und interessierten sich nicht für die Dinge, die außerhalb ihres Auf und Ab stattfanden. Die kleine Welle hingegen ist voller Tatendrang und Neugierde. Sie will unbedingt wissen und erfahren, was es sonst noch alles auf der Welt gibt und wie es fernab des großen Meeres aussieht! Leise plätschert die kleine Welle vor sich hin. In der Felsspalte hört sie das Meeresrauschen kaum. War sie nicht immer schon ein wenig anders gewesen?, fragt sie sich. Wenn sich die anderen Wellen nach rechts kräuselten, wollte sie nach links. Schwappten sie nach links, wollte sie nach rechts. Wenn die anderen im Tageslicht vor Freude schäumten, wollte sie sich einfach nur gemütlich treiben lassen. Und wenn es Zeit war, im dunklen Bauch des Ozeans schlafen zu gehen, wollte sie am liebsten im Mondschein spielen.

Plötzlich schreckt die kleine Welle auf. Ein Schatten legt sich über den Felsen. Der Himmel verdunkelt sich und ein Sturm zieht auf. Riesige Regentropfen klatschen ins Wasser. Das Meer beginnt, unruhig zu wogen, und spült die kleine Welle mit einem Schwups aus der Felsspalte heraus. Da nimmt sie ihren ganzen Mut zusammen und springt aus ihrem Versteck ins offene Meer. Wie der Zufall es will, landet sie dabei auf einer anderen kleinen Welle. Daraufhin passiert alles ganz schnell. Eine andere kleine Welle springt auf sie drauf und nach dieser die nächste. Immer mehr Wellen purzeln übereinander. Ein riesiges Kuddelmuddel aus plätschernden Wellen, die aus allen Richtungen kommen. Es ist, als hätte ihr mutiger Sprung eine gigantische Kettenreaktion ausgelöst! Über und unter und neben der kleinen Welle türmen sich Hunderte und Tausende Wellen aufeinander. Sie klatschen dabei vor Freude in die Hände. Noch nie hatten die kleinen Wellen so viel Spaß.

Die Fische tanzen und blubbern, damit die Wellen noch schneller nach oben kommen. Die Vögel singen und mit der Kraft ihres Flügelschlags halten sie die kleinen Wellen zusammen. Die Wale unterstützen das Treiben mit ihren riesigen Schwanzflossen und schleudern noch mehr kleine Wellen hinein. Die Pinguine beobachten das Spektakel vom Ufer aus und freuen sich einen Ast. Die kleine Welle war noch nie so aufgeregt in ihrem Leben. Genau so muss es sich anfühlen, wenn man fliegt.

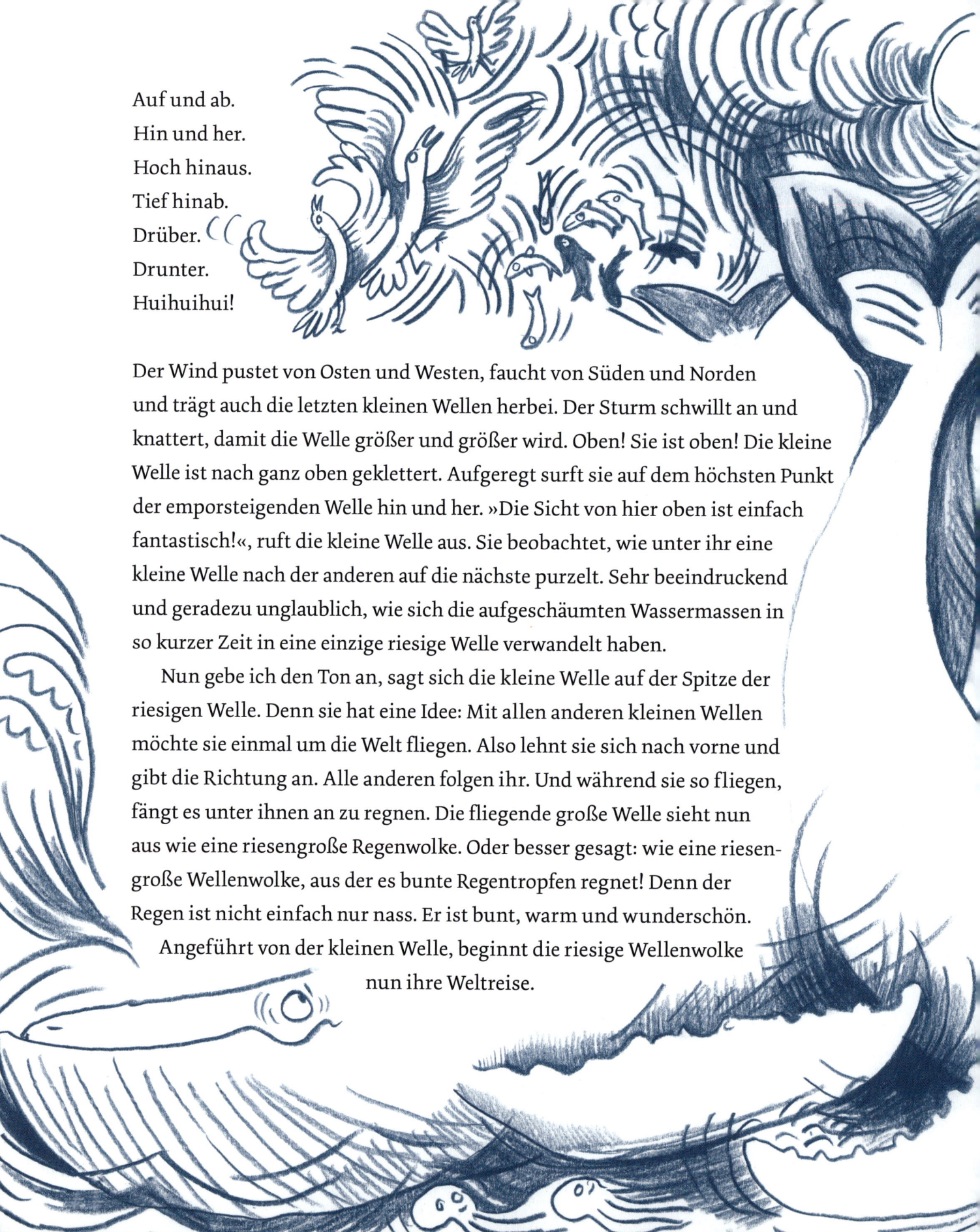

Auf und ab.
Hin und her.
Hoch hinaus.
Tief hinab.
Drüber.
Drunter.
Huihuihui!

Der Wind pustet von Osten und Westen, faucht von Süden und Norden und trägt auch die letzten kleinen Wellen herbei. Der Sturm schwillt an und knattert, damit die Welle größer und größer wird. Oben! Sie ist oben! Die kleine Welle ist nach ganz oben geklettert. Aufgeregt surft sie auf dem höchsten Punkt der emporsteigenden Welle hin und her. »Die Sicht von hier oben ist einfach fantastisch!«, ruft die kleine Welle aus. Sie beobachtet, wie unter ihr eine kleine Welle nach der anderen auf die nächste purzelt. Sehr beeindruckend und geradezu unglaublich, wie sich die aufgeschäumten Wassermassen in so kurzer Zeit in eine einzige riesige Welle verwandelt haben.

Nun gebe ich den Ton an, sagt sich die kleine Welle auf der Spitze der riesigen Welle. Denn sie hat eine Idee: Mit allen anderen kleinen Wellen möchte sie einmal um die Welt fliegen. Also lehnt sie sich nach vorne und gibt die Richtung an. Alle anderen folgen ihr. Und während sie so fliegen, fängt es unter ihnen an zu regnen. Die fliegende große Welle sieht nun aus wie eine riesengroße Regenwolke. Oder besser gesagt: wie eine riesengroße Wellenwolke, aus der es bunte Regentropfen regnet! Denn der Regen ist nicht einfach nur nass. Er ist bunt, warm und wunderschön.

Angeführt von der kleinen Welle, beginnt die riesige Wellenwolke nun ihre Weltreise.

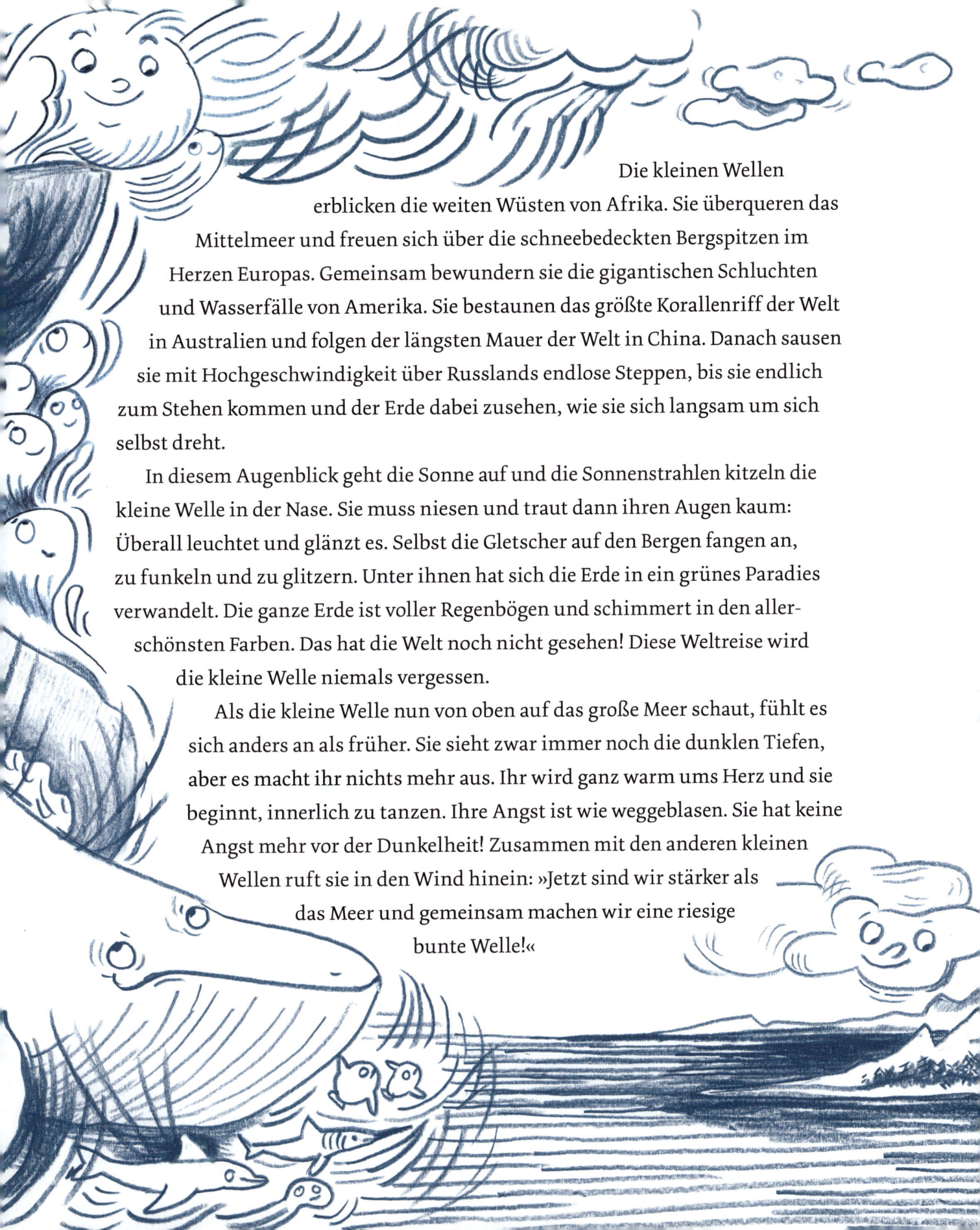

Die kleinen Wellen erblicken die weiten Wüsten von Afrika. Sie überqueren das Mittelmeer und freuen sich über die schneebedeckten Bergspitzen im Herzen Europas. Gemeinsam bewundern sie die gigantischen Schluchten und Wasserfälle von Amerika. Sie bestaunen das größte Korallenriff der Welt in Australien und folgen der längsten Mauer der Welt in China. Danach sausen sie mit Hochgeschwindigkeit über Russlands endlose Steppen, bis sie endlich zum Stehen kommen und der Erde dabei zusehen, wie sie sich langsam um sich selbst dreht.

In diesem Augenblick geht die Sonne auf und die Sonnenstrahlen kitzeln die kleine Welle in der Nase. Sie muss niesen und traut dann ihren Augen kaum: Überall leuchtet und glänzt es. Selbst die Gletscher auf den Bergen fangen an, zu funkeln und zu glitzern. Unter ihnen hat sich die Erde in ein grünes Paradies verwandelt. Die ganze Erde ist voller Regenbögen und schimmert in den aller-schönsten Farben. Das hat die Welt noch nicht gesehen! Diese Weltreise wird die kleine Welle niemals vergessen.

Als die kleine Welle nun von oben auf das große Meer schaut, fühlt es sich anders an als früher. Sie sieht zwar immer noch die dunklen Tiefen, aber es macht ihr nichts mehr aus. Ihr wird ganz warm ums Herz und sie beginnt, innerlich zu tanzen. Ihre Angst ist wie weggeblasen. Sie hat keine Angst mehr vor der Dunkelheit! Zusammen mit den anderen kleinen Wellen ruft sie in den Wind hinein: »Jetzt sind wir stärker als das Meer und gemeinsam machen wir eine riesige bunte Welle!«

1100 Kilometer
(oder: Ode der Elbe)

von Martin Verg
mit Bildern von Miriam Elze

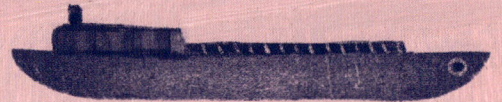

Tausend Kilometer fließe ich Elbe
geruhsam seit Tausenden Jahren zum Meer.
Habe seither schon vieles erduldet:
Eiszeiten, Sturmfluten, Binnenschiffsverkehr.

Und Städte, die an meinen Ufern wucherten,
Hamburg mit Abstand zur größten davon.
(»Vor allem zur schönsten«, ruft an dieser Stelle
kacklaut dazwischen, wer in ihr wohnt.)

Wo ich breit werde, schon Nordsee mich salzt,
steht Hammonia inmitten von bummsplattem Land.
Wie zum Ausgleich hat sie fahlgrüne Türme
steil Richtung tief hängender Wolken gesandt.

Schiffe, gewaltig wie schwimmende Städte,
schubbern mit ihrem Kiel meinen Grund
oder liegen zu meiner Linken mit lockeren
Schrauben in Docks und auf Werften herum.

Und als hätten Riesen mit Lego gespielt,
stapeln scheppernd dazwischen Container sich auf:
Blechkisten aus allen Winkeln der Erde,
drin Turnschuhe, Staubsauger oder Kakao.

Mir reicht das schon, danke. Doch dann fräsen Fähren
wie irre Hummeln mal kreuz und mal quer
und rüber zur Elphi für ein schnelles Selfie –
»Grüße nach Hause!« vom Touristenheer.

Überhaupt: diese Menschen! Drängen zuhauf
zwischen uralten Speichern und Büros aus Glas,
immer neuen Hotels, Fischbrötchenbuden,
Schifferklavierspielern und lauten Bars.

Sie halten zu Recht Hamburg für eine gute
Partie: schön und klug, erfolgreich und so.
Doch bei aller Liebe, verehrte Hammonia,
liegt dein Lärmen hinter mir, bin ich echt froh.

Gucken vom Ufer der sackteuren Villen
weiße Gesichter mir teilnahmslos zu,
weiß ich, dass es nun beinahe geschafft ist –
von hier bis Cuxhaven habe ich meine Ruh'.

Nur zu Füßen der Häuser: Reste der Horden
von Menschen im Sand, ihr Blick sehnsüchtig,
als würden sie mich in Wahrheit beneiden,
weil ich ein Ziel habe – und sie vielleicht nicht.

Denn hundert Kilometer fließe ich Elbe
jetzt nur noch, dann werde ich endlich zu Meer.
Und trotz allem hätte mir etwas gefehlt
ohne dich, Hamburg, glaub mir: Ich liebe dich sehr!

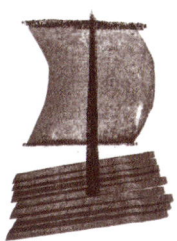

Wir lieben Abenteuer!

von Cornelia Franz
mit Bildern von Louise Heymans

Sommerferien. Wie leer die Siedlung auf einmal ist. Fast alle sind verreist und Lotte langweilt sich schon den ganzen Nachmittag. Sie steht auf dem Balkon und schaut zu, wie Papa unten im Garten das Planschbecken aufpustet.

»Immer nur das olle Babyplanschbecken. Warum können wir nicht auch nach Frankreich fahren?«, fragt sie Papa. »Tina und Markus sind jedes Jahr am Atlantik!«

Papa antwortet nicht. Aber er tritt noch ein bisschen doller auf die Luftpumpe.

»Oder in die Türkei. Ozan und Ayse fahren ans Mittelmeer.«

Jetzt schaut Papa zu ihr hoch. »Wir machen morgen einen Ausflug an den Baggersee, ja? Wir nehmen die Luftmatratze mit.«

Doch Lotte stampft mit dem Fuß auf. »Schon wieder an den See«, mault sie. »Charly war sogar mal in der Karibik, wo es echte Haie gibt.«

Papa lacht. »Na, vielen Dank. Das wäre mir ein bisschen zu abenteuerlich.«

»Mir aber nicht!« Lotte rumst die Balkontür zu und wirft sich auf ihr Bett. Sie schnappt sich das dicke Buch, das sie gerade liest – das mit den Abenteuergeschichten. Pah, wenn Papa glaubt, dass sie sich ganz allein in das alberne Planschbecken setzt, dann irrt er sich aber. Da braust sie doch lieber mit der Teufelsbraut und den wilden Piraten über den Ozean. Sie liest und liest und vergisst dabei völlig, dass sie doch eigentlich schlechte Laune hat.

Am nächsten Morgen weckt Papa sie ganz früh. »Lotte, steh auf, wir machen heute etwas Besonderes. Wir fahren ans Meer!«

»Und wohin?«

»Nach Hamburg«, antwortet Papa mit einem merkwürdig verschmitzten Lächeln.

Lotte runzelt die Stirn. Nach Hamburg kommt man ja mit der S-Bahn, da war sie schon öfter. Aber ein Meer hat sie dort nie gesehen. Nur einen großen See und einen Fluss. Spinnt Papa vielleicht Seemannsgarn? So wie der Kapitän bei der Hafenrundfahrt, die sie mal auf der Elbe gemacht haben? Der hat die Passagiere auch vollgetüdelt, um sie zum Lachen zu bringen.

Was braucht man alles für einen Tag am Meer? Badesachen, Handtücher und jede Menge Proviant. Papa packt alles ein, aber als Lotte ihren Fußball mitnehmen will, schüttelt er den Kopf. »Zum Ballspielen werden wir keine Zeit haben.«

Am Bahnhof wundert sich Lotte wieder. Sie steigen nicht in die S-Bahn nach Hamburg, sondern nehmen den Zug in die andere Richtung. Sehr merkwürdig ... Im Abteil holen sie ein paar Brote aus dem Rucksack und frühstücken erst mal.

Schließlich sind sie da – und zwar an der Nordsee, in Cuxhaven. Papa zeigt mit dem Finger nach Nordwesten. »Dort irgendwo liegt Neuwerk, da wollen wir hin. Neuwerk ist eine kleine Insel. Die gehört zu Hamburg, auch wenn sie 200 Kilometer entfernt liegt.«

»Aha«, sagt Lotte nur. Das ist also des Rätsels Lösung. Sie ist ein bisschen enttäuscht. Irgendwie hatte sie gehofft, Papa hätte sich etwas ganz Verrücktes ausgedacht.

Mit dem Bus geht's weiter zum Strand – und plötzlich ist es Lotte piepegal, wo genau sie gelandet sind. Der Seewind pustet ihr die Haare aus dem Gesicht, die Luft riecht nach Salz und Urlaub, die Möwen segeln knapp über ihre Köpfe hinweg. Eine besonders freche schnappt sogar nach dem Käsebrot, das Lotte in der Hand hält.

»Jetzt geht's los«, sagt Papa. »Es ist Ebbe. Das heißt, wir können mitten durchs Watt bis nach Neuwerk wandern. Das Wetter ist wunderbar. Am schönsten ist es, wenn wir barfuß laufen.«

Und das machen sie auch. Sie stecken die Jeans in den Rucksack und ziehen mit nackten Beinen los. Eine Wattwanderung! Das ist etwas ganz Neues für Lotte. Zuerst ekelt sie sich ein bisschen vor dem grauen, glitschigen Schlick unter ihren Füßen. Doch es dauert nicht lange, dann liebt sie es, wie der Matsch quietscht und zwischen ihren Zehen hervorquillt. Sie rennt und schlittert und platscht durch die flachen Priele, die das Meer hinterlassen hat. Was für ein Spaß!

»Pass auf, dass du nicht auf Muscheln trittst und dich schneidest!«, warnt Papa sie. Und leider treibt er Lotte auch immer wieder an, wenn sie zu lange trödelt, um sich Quallen, Krebse und Seesterne anzugucken. »Im Watt darf man nicht die Zeit vergessen, sonst wird man von der Flut überrascht. Das kann gefährlich werden.« Er zeigt nach vorne, wo ganz klein am Horizont eine Insel zu sehen ist. »Sieh mal. Das ist Neuwerk.«

Lotte kneift die Augen zusammen. Puh, das ist ja noch richtig weit weg. Plötzlich merkt sie, wie kräftig der Nordseewind inzwischen bläst. Und wo sind auf einmal all die dunklen Wolken hergekommen?

»Hoffentlich gibt es kein Gewitter«, sagt Papa. Er schaut nervös zurück zur Küste. »Aber wir haben schon über die Hälfte geschafft. Umkehren wäre sinnlos.«

Nach wenigen Minuten ist der Himmel fast schwarz. Sie laufen schneller, doch da platschen schon die ersten Tropfen herunter. Lotte greift nach Papas Hand. Wie unheimlich das Watt auf einmal ist. Huatsch, huatsch, huatsch macht der Schlick, der ihr bis zu den Waden reicht, und das ist jetzt überhaupt kein lustiges Geräusch mehr. Auch das Möwengeschrei ist schriller geworden. »Gräää, gräää, gräää!« Es klingt, als wollten die Vögel sie warnen. Immer wieder sieht Papa besorgt zum Himmel. Nur kein Gewitter im Watt!

Da hören sie Hufgetrappel und Rufe. Lotte dreht sich um. Pferde stampfen auf sie zu, ein braunes und ein weißes. Ihr Fell glänzt vor Nässe und sie ziehen einen großen hölzernen Kutschwagen hinter sich her. Schon bringt die Kutscherin die Pferde zum Stehen.

»Ja, Teufel auch!«, flucht sie und schaut Papa böse an. »Was laufen Sie denn hier alleine im Watt herum?«

»Wir wollen nach Neuwerk«, erklärt Papa.

»Haben Sie nicht gemerkt, dass Sie heute die Einzigen sind? Es hat eine Unwetterwarnung gegeben.«

»Das wusste ich nicht.« Papa guckt ganz schuldbewusst. »Ich …«

»Jetzt aber schnell!«, unterbricht ihn die Frau und winkt sie in den Wagen. Kaum sind Lotte und Papa hineingeklettert, da ruckelt die Kutsche auch schon los. Zusammengekauert sitzen sie dicht nebeneinander auf der Bank, während der Regen nur so vom Himmel pladdert.

Als sie die Insel erreichen, sind sie pitschnass. Lottes Zähne klappern vor Kälte. Oder ist das die Aufregung? Auch die Pferde schnauben nervös. Und dann hören sie es: ein dumpfes Grollen, das von Westen kommt. Das Gewitter ist da!

»Mann, Mann, Mann«, murmelt die Kutscherin, während sie Lotte beim Herunterklettern hilft. »Dein Vater neigt wohl zu Leichtsinn, was?«

Lotte muss lachen. »Nö, eigentlich nicht«, sagt sie. Dann schmiegt sie sich an Papa und schaut zu ihm hoch. »Aber mein Papa und ich, wir lieben Abenteuer!«

Käpt'n Flaute und die fliegenden Kamele

von Ursel Scheffler
mit Bildern von Lena Hällmayer

Käpt'n Flaute kannte man in Seemannskreisen auf allen sieben Meeren der Welt. Genau gesagt war er der Erfinder des achten Meeres: Man nennt es das Lügenmeer. Von seinem 1001. Abenteuer darin soll hier kurz und klein berichtet werden.

KÄPT'N FLAUTE

Nachdem die Prawda mit ihrer Mannschaft und ordentlichem Rückenwind in einem Tag das Mittelmeer durchkreuzt hatte, erreichte sie den Nil.

In Kairo war es heiß und voll. Deshalb gab Käpt'n Flaute das Kommando, weiter flussaufwärts zu segeln. Er ließ das Windgebläse an Bord auf Nordwind stellen und schon ging es Richtung Süden. Backbord, also am linken Ufer des Nils, grasten Schafe und Wasserbüffel. Steuerbord, also am rechten Ufer, gab es nur Sand. Da war die Wüste.

Am nächsten Tag, während Käpt'n Flaute gemütlich in der Hängematte lag und sich vom Abendessen ausruhte, meldete der Schiffsjunge aus dem Krähennest: »Großer See voraus!«

»Hinsegeln und Anker werfen!«, befahl der Käpt'n. Er war müde und froh, nach der Fahrt durch die Wüste einen sicheren Ankerplatz für sein großes Schiff gefunden zu haben. Da konnten wenigstens alle mal richtig ausschlafen.

Leider war der See nur eine Luftspiegelung. So etwas nennt man in Fachkreisen eine Fata Morgana. Am nächsten Morgen, als die Mannschaft erwachte, war die Fata Morgana wieder verschwunden.

»Schiff sitzt auf Sand fest!«, meldete der Steuermann, als er den Käpt'n weckte.

Was diesen ziemlich erschreckte. Käpt'n Flaute nahm sein Fernrohr und stellte fest, dass sein Schiff in einem Wadi gestrandet war. So nennt die Bevölkerung dort ein ausgetrocknetes Flussbett.

»Alles hört auf mein Kommando!«, rief Käpt'n Flaute. »Hisst die Schaufeln, setzt die Spaten!« Und dann ließ er einen Kanal für die Prawda graben. Als der Kanal fertig war, fehlte nur noch das Wasser.

Die Mannschaft versuchte zuerst, das Schiff im Sandkanal vorwärtszuschieben. Dann versuchten sie, es mit Tauen rückwärtszuziehen. Aber leider war die Prawda keinen Millimeter zu bewegen. Sie war schließlich kein Wüstenschiff.

Da erinnerte Käpt'n Flaute sich plötzlich daran, dass jemand im Hafen von Kairo von einem Beduinendorf erzählt hatte, in dem es fliegende Händler gab. Es hieß Illusione und musste ganz in der Nähe sein. Der Käpt'n schickte seine Späher aus.

Die Kundschafter fanden das Dorf tatsächlich. Es bestand aus sieben Palmen, hundertdreizehn Lehmhütten und einer großen Flughalle. In der lebten und schwebten die Kamele der fliegenden Händler.

Käpt'n Flaute gelang es, die fliegenden Händler davon zu überzeugen, dass sie ihm für kurze Zeit gegen faire Bezahlung ihre Flugtiere ausliehen. In einer langen Karawane brachten die Beduinen die Kamele der fliegenden Händler zum Schiff.

Käpt'n Flautes Leute hatten inzwischen überall am Schiff Taue befestigt. Die wurden jetzt durch Seemannsknoten mit dem Zaumzeug der Tiere verbunden.

Als die Mannschaft startbereit war, legte der Käpt'n die Hände vor den Mund und brüllte zu den Kamelen hinunter:

»Chrachamalatatitla!«

Das war Illusorisch und bedeutete: »Zeigt, was ihr könnt, ihr Kamele!«

Die sensiblen Tiere spitzten die Ohren. Sie schnaubten durch die Nüstern. Sie scharrten mit den Hufen. Erst ruckelte und schuckelte die Prawda bloß ein bisschen. Aber dann hob sie sich in die Lüfte. Was ein Kamel allein nicht schafft, schaffen viele Kamele. Das ist eine alte Wüstenweisheit.

Leicht wie ein Fesselballon fuhr die Prawda im Morgenwind davon. Käpt'n Flaute stand mit dem Fernglas auf der Brücke und murmelte zufrieden: »Prawda, meine stolze Prawda! Jetzt bist du ein echtes Luftschiff!«

Plötzlich zogen sich am Horizont dunkle Wolken zusammen. Während die Prawda über den Nil segelte, platzte der Himmel auf. Es regnete in Strömen! Das riesige Sandloch, in dem die Prawda gelegen hatte, füllte sich mit Wasser und wurde größer und größer … Schließlich zerriss die enge Stelle zwischen Rotem Meer und Mittelmeer.

»Ein Kanal! Beim ZEUS! Ein Kanal!«, rief der griechische Steuermann.

Diesem Ausruf verdankt der Kanal bis heute seinen Namen. Aber weil bei der Einweihung des berühmten Kanals ein ägyptischer Rückwärtssprecher den Namen vorlas, heißt er nicht ZEUS-, sondern SUEZ-Kanal.

Das macht aber nichts. Jedenfalls ist es der Beweis, dass Käpt'n Flautes Abenteuer zwar von A bis Z gedruckt, aber nicht gelogen sind.

Bei Sonnenaufgang segelte die Prawda in den Indischen Ozean. Der Sonne und ihrem 1002. Abenteuer entgegen.

MARLIES BARDELI

studierte Musik, Germanistik und Theaterpädagogik. Sie schreibt Theaterstücke für Kinder und Kinderbücher, von denen einige in andere Sprachen übersetzt und mit Preisen ausgezeichnet wurden. Sie lebt mit ihrer Familie in Reinbek bei Hamburg. www.bardelibooks.de

KARIN BARON

studierte Angewandte Sprach- und Kulturwissenschaften. Sie war Übersetzerin und Texterin, bis sie begann, Kinder- und Hamburgbücher zu schreiben. Wenigstens einmal pro Woche braucht sie Elbsand unter den Füßen, besser noch: Elbwasser unterm Kiel. www.karin-baron.de

JULIE BENDER

ist in Hamburg geboren und besaß schon als Kind viel Fantasie und einen großen Hang zum Abenteuer. Beides strahlt aus all ihren Geschichten. Mehr Infos über die Autorin sowie ihre Bücher und Lesungen gibt's auf: www.julie-bender.com

JÖRG BERNARDY

lebt als freier Autor in Hamburg. Bei Beltz & Gelberg erschienen seine illustrierten Sachbücher »Philosophische Gedankensprünge. Denk selbst!«, »Mann Frau Mensch: Was macht mich aus?« und »Ich glaube, es hackt! Leben in Zeiten von Tabubrüchen«.

BRIGITTE BLOBEL

hat seit der Verfilmung der »Süderhof«-Bände und von »Paulas Sommer« eine große Fan-Gemeinde von Jung und Alt. Ihre thematischen Jugendbücher wie »Herzsprung«, »Rote Linien« oder »Die Clique« wurden mehrfach ausgezeichnet.

SABINE CHOINSKI-SCHUBERT UND GABRIELA KRÜMMEL

sind beide Lehrerinnen. Mit Tieren kennen sie sich gut aus und halten auf Gut Karlshöhe eigene Schafe, Ziegen und Hühner. Seit vielen Jahren schreiben sie im Carlsen Verlag Kinderbücher, z. B. für die Reihe »Lesemaus«.

MAIKE DUGARO

wurde 1977 in Hamburg geboren, wo sie heute noch lebt. Die Journalistin berichtet mal aus ihrer Heimat und mal aus fernen Ländern. Außerdem hilft sie Menschen, ihre Lebensgeschichten zu verfassen. Zusammen mit Anne-Ev Ustorf hat sie den Roman »Mauerpost« geschrieben.

CORNELIA FRANZ

kann sich ein Leben ohne Bücher nicht vorstellen: Als Kind war die Hamburgerin eine Leseratte, später studierte sie Literaturwissenschaft und machte eine Ausbildung im Verlag. Seit 1993 schreibt sie Bücher für alle Altersstufen. www.corneliafranz.de

ANKE GIROD

arbeitete als Lehrerin und stellvertretende Schulleiterin und unterrichtete als Lehrbeauftragte an der Universität. Egal ob als Lehrerin oder Autorin: Sie liebt es, Kindern Mut zu machen, an sich zu glauben und ihren ganz eigenen Weg zu finden. www.ankegirod.de

YVONNE HERGANE

studierte Germanistik, Anglistik und Buchwissenschaft. Seit Mitte der 90er schreibt sie für Kinder (»Einer mehr«, »Borst vom Forst«), wobei ihre besondere Liebe dem Spiel mit Sprache gehört. Derzeit lebt sie zwischen Elbe und Nordsee. www.hergane.de

ANNE JASPERSEN

ist Sängerin und Autorin. Sie schreibt für verschiedene Verlage im Kinder- und Jugendbuchbereich und fürs Radio. Außerdem hält sie musikalische Lesungen und philosophiert mit Kindern als Referentin der »Gedankenflieger« / Literaturhaus Hamburg. www.anne-jaspersen.de

LEUW VON KATZENSTEIN,

Sohn eines baltischen Schnapsfabrikanten und einer holländischen Tänzerin, hat sein Berufsleben als Buchhalter eines Revuetheaters in der Nähe von Buxtehude verbracht. Heute verdient er ein Zubrot als Parkplatzwächter und schreibt, was ihm in den Sinn kommt.

MAREN VON KLITZING

wuchs in Italien, der Schweiz, den Niederlanden und in Hamburg auf. Mehrere Jahre arbeitete sie als Redakteurin für ein Kinder-Umweltmagazin, danach fing sie an, Kinder- und Jugendbücher zu schreiben. Das macht sie bis heute, an ihrem kleinen Schreibtisch, mit Blick auf eine Birke.

KRISTINA KREUZER

ist eine echte Hamburgerin, aber reist für ihr Leben gern in der Welt herum. Nach ihrem Literaturstudium in Amsterdam und den USA lebte sie einige Zeit in Singapur. Sie ist Autorin, Übersetzerin und hat einen Blog. www.kristinakreuzer.de

CORNELIA MANIKOWSKY,

geboren 1961, schreibt für Kinder und Erwachsene. Zuletzt erschienen »HUND!«, edition buntehunde, und »ALLES«, Verlag der Stiftung Historische Museen Hamburg. 2012 erhielt sie den Kinderliteraturpreis der SOS-Kinderdörfer. www.manikowsky.de

IRENE MARGIL

hat seit 2008 viele Kinderbücher veröffentlicht. Als Vorlesecoach schult sie Interessierte und entwickelte den Leitfaden »Lies mal vor! Vorlesetipps vom Profi für alle von 9 – 99«. Ihr Hobby: Schwimmen im Hallenbad und im Meer. www.irenemargil.de

UTICHA MARMON

arbeitete am Theater und bei einem großen Hörbuchverlag, ehe sie sich selbstständig machte. Seitdem schreibt sie Kinderbücher, produziert Hörbücher und Hörspiele und engagiert sich in der Lese- und Zuhörförderung. Mehr unter: www.woerterland.de

KATHARINA MAUDER

startete als Lektorin in einem Kinderbuchverlag. Dann drängten die vielen Geschichten in ihrem Kopf aber aufs Papier, sodass sie inzwischen als freie Kinderbuchautorin und Texterin arbeitet und Schreibkurse anbietet.
www.katharina-mauder.de

ANNETTE MIERSWA

arbeitete für Film, Theater und Zeitung, bevor sie ihr erstes Kinderbuch »Lola auf der Erbse« veröffentlichte. Seitdem schreibt sie leidenschaftlich für Kinder und Jugendliche über das, was ihr im Leben wichtig geworden ist.
www.annettemierswa.de

JUTTA NYMPHIUS

brachte vor über 20 Jahren ihr rheinisches Temperament mit an die Elbe, wovon man sich auf ihren engagierten Lesungen überzeugen kann. Sie schreibt Kinder- und Jugendbücher für jedes Alter und ist Mitbegründerin der Elbautoren.
www.jutta-nymphius.de

SUSANNE OROSZ,

geboren 1962 in Wien, lebt als glückliche Wahl-Schleswig-Holsteinerin in der Nähe von Hamburg. Sie schreibt Drehbücher, Radiosendungen und Kinderbücher. Die Elbphilharmonie ist ihr musikalischer Lieblingsort! www.susanne-orosz.de

KAI PANNEN,

1961 am Niederrhein geboren, ist Kinderbuchautor und Illustrator. Er studierte Malerei und Film in Köln. Zu seinen erfolgreichsten Büchern zählt der vielfach prämierte Advents-Bestseller »Du spinnst wohl!«.
www.kaipannen.de

RIEKE PATWARDHAN

las als Kind gern Bücher auf Bäumen. Nach einer Buchhändlerlehre, dem Studium stetig wechselnder Geisteswissenschaften und einem Abschluss als Diplompsychologin schreibt sie selbst Geschichten für Kinder.
www.riekepatwardhan.de

TILL PENZEK

lebt mit seiner Familie in Hamburg. Neben seiner Arbeit als Kinderbuchautor produziert er auch Trickfilme und animierte Formate für Fernsehen und Internet.

BARBARA PETERS

fabuliert und dichtet sich am liebsten in märchenhafte, fremde Welten. Sie liebt Hamburg, Wind, Wellen, Piraten, Wale, Möwen, Segelboote und Leuchttürme. Alles, was sie über sich verraten mag, findet ihr auf ihrer Website: www.barbarapeters.de

Eine echte Hamburger Deern ist
INGA MARIE RAMCKE,

die 1980 in der Hafenstadt geboren wurde. Seitdem kann sie nicht ohne Wasser und Natur leben. Ganz nah an der aktuellen Wissenschaft entstehen die meisten ihrer Kindersachbücher, Radiobeiträge und Hörspiele.

KATJA REIDER

schreibt seit vielen Jahren erfolgreich für Kinder jeden Alters und engagiert sich schon ebenso lange in der Leseförderung: Gemeinsam mit befreundeten Kollegen organisiert sie das Hamburger VorleseVergnügen. Mehr Infos unter:
www.katjareider.de

SIBYLLE RIECKHOFF

lebt in Hamburg, war Art-Director in der Werbung und schreibt seit 2000 Geschichten für Kinder, am liebsten über Tiere. Ihre Bücher erscheinen bei verschiedenen Verlagen und werden in viele Sprachen übersetzt. www.sibylle-rieckhoff.de

URSEL SCHEFFLER,

geboren in Nürnberg, Studium der Neuphilologie, Magisterexamen, Übersetzerdiplom. Verheiratet, 3 Kinder, 3 Enkel, lebt seit 1977 in Hamburg, Mitglied der Elbautoren. Näheres auf www.scheffler-web.de und www.Büchertürme.de (Leseförderprojekt).

MARIE-THÉRÈSE SCHINS

wurde als siebentes von zehn Kindern in den Niederlanden geboren. In ihren Büchern stehen Kinder, die sie auf ihren vielen Reisen rund um die Welt kennenlernte, im Mittelpunkt. Aber auch Begegnungen zwischen Jung und Alt! www.marie-therese-schins.de

ANDREAS SCHLÜTER

lebt und arbeitet in Hamburg. Bevor er mit dem Bücherschreiben begann, leitete er mehrere Jahre Kinder- und Jugendgruppen und arbeitete als Journalist und Redakteur. Er ist Autor zahlreicher Serien und Einzeltitel für Kinder und Jugendliche.

ANDREA SCHOMBURG

ist Lyrikerin, Kabarettistin und Kinderbuchautorin. Sie lehrt Lyrik und Theatertechniken an der Leuphana Universität Lüneburg und ist Gründungsmitglied der »Elbautoren Kinder- und Jugendbuch«. www.andrea-schomburg.net

CONSTANZE SPENGLER

teilt ein Atelier mit mehreren Illustratorinnen und Kinderbuchautorinnen. Dort denkt sie sich Geschichten aus. Am liebsten solche, die gleich ihre eigene Welt mitbringen – zum Beispiel die Insektenabenteuer vom Hirschkäfer-Grill. www.constanzespengler.de

STEFANIE TASCHINSKI

ist Kinderbuchautorin, Dozentin und Netzwerkerin. Gleich ihr Debüt »Die kleine Dame« wurde ein großer Erfolg. Die Autorin hat bisher 20 Kinderbücher geschrieben, die ausgezeichnet und in mehrere Sprachen übersetzt wurden. Sie ist Mitbegründerin der Elbautoren und lebt in Hamburg.

ANNE-EV USTORF,

Jahrgang 1974, arbeitet in Hamburg als Autorin. Sie schreibt Bücher für Erwachsene, Jugendliche und Kinder. Gemeinsam mit Maike Dugaro hat sie zuletzt den Jugendroman »Mauerpost« über eine Freundschaft in Zeiten des Mauerfalls im cbj Verlag veröffentlicht.

MARTIN VERG

ist Journalist, Autor, Moderator – und een echt Hamborger Jung. Nach mehr als zehn Jahren als Chefredakteur der Kinderzeitschrift GEOlino schreibt er inzwischen vor allem und am liebsten Bücher für junge Leserinnen und Leser. Mehr dazu unter: www.martinverg.de

SILKE VRY

war viele Jahre als ausgrabende Archäologin in Syrien, Jordanien und Deutschland unterwegs, bevor sie nach Hamburg zog. Hier schreibt sie seit mehreren Jahren Bücher für Kinder, in denen es oft um abenteuerliche Entdeckungen geht. www.silkevry.com

DIE ILLUSTRATOR*INNEN

MIRIAM ELZE

studierte Illustration in Hamburg und Glasgow. Ihr Arbeitsweg in ihr Atelier auf der Elbinsel Wilhelmsburg führt sie an, über und sogar unter die Elbe. Neben dieser Inspiration fanden überraschenderweise auch Kindheitserinnerungen aus Bayern in diesem Buch ihren Platz.
www.miriamelze.de

VOLKER FREDRICH,

geboren 1966 in Bayern, hat nach einer pädagogischen Ausbildung Illustration an der FH Hamburg studiert. Er ist Mitbegründer der Ateliergemeinschaft Atelier 9 und arbeitet seit 1996 als freier Illustrator für Kinder- und Schulbuchverlage. Volker Fredrich lebt mit seiner Familie in Hamburg.

LENA HÄLLMAYER

studierte Illustration und Kunstpädagogik. Sie zeichnet für Buchprojekte, Magazine und Trickfilme und mag die Vielfältigkeit ihrer Arbeit. Im Kontext der kulturellen Bildung leitet sie außerdem Seminare für Kinder und Erwachsene.
www.lenahaellmayer.de

ANKE HENNINGS-HUEP

wurde 1974 in Ostfriesland geboren. Sie hat in Paris, Edinburgh und Groningen interdisziplinäre Kunst und Illustration studiert. Seitdem lebt sie als freiberufliche Illustratorin mit ihrer Familie in Hamburg.
www.ankehenningshuep.com

LOUISE HEYMANS

studierte Illustration in Hamburg und Macerata, Italien. Mit Stift, Pinsel oder Radiernadel erschafft sie Bildwelten für Kinder und Erwachsene. Sie illustriert eigene und fremde Texte und unterrichtet in der Druckwerkstatt der HAW Hamburg.
www.louise-heymans.de

KERSTIN MEYER

wurde 1966 in Wedel an der Elbe geboren. Sie hat in Hamburg Illustration studiert. Zum Beispiel für Käpt'n Knitterbart von Cornelia Funke hat sie die Bilder gemacht. Sie ist schon mal mit einem Containerschiff von Italien bis Südafrika gefahren und früher mal auf der Elbe gesegelt.

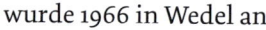

NELE PALMTAG

illustriert Kinderbücher zu eigenen Ideen sowie zu Texten anderer Autoren. Am liebsten erfindet sie ganze Buchkonzepte und Bücher zum Mitmachen. Mit ihrer Familie lebt sie in Hamburg-Altona und kann bei offenem Fenster den Hafen hören.

CONSTANZE SPENGLER

studierte Illustration und Kommunikationsdesign an der HAW Hamburg. Seitdem gestaltet, schreibt und illustriert sie immer wieder für Kinder. Mit ihren Schiffen gehen die Elbautoren in »Volle Fahrt voraus« auf die Reise.
www.constanzespengler.de